BOM PARA VOCÊ

BOM
PARA VOCÊ

Só invista energia no que pode trazer
resultados positivos para a sua vida

MIKE ROBBINS

Tradução
Renato Motta

BestSeller

CIP-BRASIL. CATALOGAÇÃO-NA-FONTE
SINDICATO NACIONAL DOS EDITORES DE LIVROS, RJ.

R545b
Robbins, Mike, 1974-
Bom para você / Mike Robbins; [prefácio Richard Carlson];
tradução Renato Motta. – Rio de Janeiro: Best*Seller*, 2009.

Tradução de: Focus on the good stuff: the power of appreciation
Inclui bibliografia
ISBN 978-85-7684-235-4

1. Gratidão. 2. Exercícios espirituais. I. Título.

09-1615
CDD – 158
CDU – 159.947

Texto revisado segundo o novo Acordo Ortográfico
da Língua Portuguesa.

Título original norte-americano
FOCUS ON THE GOOD STUFF: THE POWER OF APPRECIATION
Copyright © 2007 by John Wiley & Sons, Inc.
Copyright da tradução © 2008 by Editora Best Seller Ltda.

Capa: Studio Creamcrackers
Editoração eletrônica: DFL

Todos os direitos reservados. Proibida a reprodução,
no todo ou em parte, sem autorização prévia por escrito da editora,
sejam quais forem os meios empregados.

Direitos exclusivos de publicação em língua portuguesa para o Brasil
adquiridos pela
EDITORA BEST SELLER LTDA.
Rua Argentina, 171, parte, São Cristóvão
Rio de Janeiro, RJ æ 20921-380
que se reserva a propriedade literária desta tradução

Impresso no Brasil

ISBN 978-85-7684-235-4

PEDIDOS PELO REEMBOLSO POSTAL
Caixa Postal 23.052
Rio de Janeiro, RJ – 20922-970

*Para minha linda e brilhante esposa, Michelle,
que me proporciona tantas coisas pelas
quais ser grato. Obrigado por trazer tanto amor
e reconhecimento para a minha vida e para o nosso lar.*

Agradecimentos

Sinto-me repleto de gratidão, amor e reconhecimento ao pensar nas muitas pessoas que contribuíram não apenas para a elaboração deste livro, mas também para meu crescimento e desenvolvimento pessoal.

Antes de tudo, agradeço a Michelle Benoit Robbins. Obrigado por ser minha esposa, companheira, amante, melhor amiga, professora e fonte de inspiração. Agradeço a Deus todos os dias a oportunidade de passar minha vida ao seu lado. Obrigado por acreditar em mim, por me amar e por fazer emergir em mim o melhor — como homem, marido e pai. Amo você de todo o meu coração.

Samantha Benoit Robbins, obrigado por vir a este mundo e nos aceitar como seus pais. Sinto-me incrivelmente afortunado de ser seu pai. Você me faz lembrar, todos os dias, das coisas que realmente importam na vida, e sou grato a você por isso. Obrigado pela magia que trouxe para este mundo ao nascer, que tanto ajudou este livro a se tornar realidade. Obrigado também por trazer tanta alegria a inúmeras pessoas.

Richard Carlson, meu querido amigo, mentor e irmão. Sinto tanto sua falta, e ainda não consigo acreditar que não esteja mais entre nós na forma física. Sua alma, seu amor e sua visão continuam vivos em seu surpreendente espírito, em todas as pessoas que tocou de forma tão profunda; obrigado por sua incrível amizade, por sua fé em mim e por tudo o que me deu. Eu não teria conseguido escrever este livro sem sua ajuda e assistência. E não conseguiria ser o que sou hoje sem sua maravilhosa influência.

Rich Fettke, você esteve ao meu lado a cada passo do caminho durante todo o processo e sua generosidade é admirável. Não tenho como lhe agradecer o suficiente tudo com que contribuiu em minha vida e neste livro.

Linda Chester, obrigado pelo fabuloso trabalho que desenvolveu em meu nome. É uma honra tê-la como agente e amiga. Alan Rinzler, obrigado por me dar força e me ajudar a seguir em frente. Seu trabalho de edição me tornou um escritor muito melhor.

Mãe (Lois Robbins), obrigado por sua inabalável lealdade, seu amor e apoio desde o dia em que nasci. Sou grato por você ter sempre me incentivado a perseguir meus sonhos e a alcançá-los. Pai (Ed Robbins), sinto saudades e gostaria que ainda estivesse entre nós fisicamente, embora sinta sua presença o tempo todo. Obrigado pelos maravilhosos genes e por me ensinar que homens de verdade podem ser sensíveis e expressar os sentimentos.

Lori Robbins, obrigado por me ensinar tanto a respeito da vida e por sempre me amar, independentemente das circunstâncias. Sou grato por tê-la como irmã mais velha.

Agradecimentos

Rachel Cohen, obrigado por seu amor, entusiasmo e por sempre me enxergar de forma tão clara. Adoro ser seu irmão e amigo. Tio Steve Farrell: você é uma das presenças mais poderosas, amorosas e incentivadoras em minha vida. Obrigado por me dar coragem e me fazer "cair dentro" e pensar "grande".

Fred Luskin, sou grato por tê-lo em minha vida, e aprecio muito sua sinceridade e seu apoio. Seu feedback foi inestimável ao longo de todo o processo, e agradeço sua disposição constante para me ajudar. Frank Marquardt, você estava comigo desde o início da jornada representada por este livro e me fez dar vida à ideia inicial. Obrigado pelo apoio, treinamento e orientação. Joel Pulliam, obrigado por me ajudar a levar este projeto ao nível que ele precisava alcançar, antes de poder ser lançado ao mundo.

Susan Page, obrigado por seus muitos livros inspiradores e por seu generoso incentivo. Você me forneceu a clareza e o foco de que eu precisava para começar a escrever esta obra. Marianne Williamson, obrigado pelo trabalho extraordinário e pela forma com que me inspirou e ofereceu apoio. Você me ensinou a ser um cidadão consciente, e sou grato por sua sabedoria. Susan Ariel Rainbow Kennedy, seu trabalho e suas mensagens tiveram grande impacto em minha vida. Obrigado por sua amizade e por seu apoio, que ajudaram a transformar este livro em realidade.

Rich e Yvonne Dutra-St.John, sou muito grato pelas dádivas que vocês me ofereceram. Obrigado por serem um excelente exemplo de amor, compromisso e paixão — por meio de seu relacionamento, do trabalho e do modo como cada um de vocês leva a vida. Chris Andersonn, você não faz ideia do milagre que tem sido em minha vida nos últimos treze anos. Conhecê-lo foi o ponto crucial da minha evolução espiritual. Obrigado por me ensinar a me conectar comigo mesmo, com minha alma e com Deus.

Theo Androus, obrigado por sua amizade e grande entusiasmo. Você é uma das minhas pessoas preferidas, e me sinto honrado de tê-lo como amigo. Você me ensinou muito a respeito dos negócios, da paternidade e da vida. Asa Siegel, meu velho companheiro dos tempos de escola! Apesar da distância, dos muitos quilômetros e das mudanças em nossas vidas, continuamos irmãos em alma. Obrigado por seu amor e interesse. E obrigado por sempre me receber de volta.

John Brautovich, obrigado por sua sabedoria, pela capacidade de ouvir, por seu amor e compaixão. Você me carregou pelas profundezas de todo esse processo e sempre esteve ao meu lado a cada turbulência. Garrison Cohen, obrigado por me ajudar a manifestar esse sonho e a torná-lo realidade. David Ferrera, obrigado por seu amor e por tudo o que fez e faz para apoiar a mim e a minha visão de mundo.

Johnny e Lara Fernandez, obrigado por serem grandes amigos. Sou amplamente inspirado pelo trabalho de vocês, pela forma como vivem a vida e amam um ao outro, além se serem pais fantásticos. Obrigado por acreditarem em mim e me ajudarem a mostrar este livro a

Agradecimentos

outras pessoas. Sean Flikke, obrigado por ser quem você é e pelo impacto que causou em minha vida. Sua amizade, amor e apoio significam muito!

Paul Foster, Jennifer Wenzel, Seth Schwartz, Carol Hartland, Muna Fahat, Mike Onorato, Erik Thrasher, Erin Moy, Natalie Lin, Karen Warner, Michele Jones, Sophia Ho e toda a equipe da Jossey-Bass e Wiley, que trabalharam com tanta dedicação na criação deste livro — obrigado pelo tempo, pelo esforço e pelo comprometimento de vocês.

A todos aqueles que eu não mencionei especificamente — amigos, familiares, clientes, colegas, orientadores, mentores, palestrantes, escritores, professores, equipes, organizações e outros que me ajudaram neste livro, ao longo do caminho e em minha vida —, obrigado por me encorajarem, desafiarem, ensinarem, por estarem disponíveis e por me fazerem dar o melhor de mim.

Finalmente, como forma de praticar o que prego, agradeço a mim mesmo. Pela coragem que eu demonstrei; pelas muitas rejeições; pela grande quantidade de sugestões e críticas que recebi nos últimos cinco anos; por minha determinação de aprender e crescer; por minha visão, paixão e compromisso; pela vulnerabilidade que demonstrei ao me abrir dessa forma e me mostrar ao mundo. Por tudo isso, honro e reconheço meus méritos.

Sumário

Prefácio de Richard Carlson 15
Introdução 21

Parte Um

Nossa obsessão pelas coisas ruins

1. O que há de errado no mundo? 45
2. O que há de errado comigo? 81

Parte Dois

Os cinco princípios do reconhecimento

3. Princípio 1: seja grato 113
4. Princípio 2: escolha pensamentos e sentimentos positivos 137

5. Princípio 3: utilize palavras positivas 163
6. Princípio 4: reconheça o valor dos outros 191
7. Princípio 5: reconheça seu próprio valor 229

Parte Três

Reconhecimento em ação

8. Não é o que sabemos e sim o que fazemos que importa 261

Fontes para pesquisas 275
Sobre o autor 281

Prefácio

Reconhecimento é uma das chaves mais importantes para uma vida feliz e bem-sucedida. Para mim, porém, a questão mais importante na avaliação de um livro sobre reconhecimento é muito simples: o autor vivencia o que prega?

Tenho o prazer de conhecer Mike Robbins há alguns anos e posso garantir, sem sombra de dúvida, que ele passa no teste. Mike é uma das pessoas que demonstram mais reconhecimento, e da forma mais genuína que já conheci. Ele parece apreciar tudo, todos — até mesmo o dom da vida. É quase como se ele estivesse sempre à espera de algo novo para demonstrar sua compreensão. Mike é a pessoa mais habilidosa que já conheci, quando se trata de partilhar seu reconhecimento com outros — de um jeito que é, ao mesmo tempo, autêntico e inspirador. Na verdade, é surpreendente e gratificante passar algum tempo a seu lado. A parte mais interessante do reconhecimento que Mike demonstra por outras pessoas, bem como pela vida, é que ele é muito verdadeiro e tudo o que expressa vem do fundo do coração. Nada é artificial nem ensaiado, é e sempre revelado com sinceridade.

Mike Robbins vem ensinando há vários anos o poder do reconhecimento a plateias entusiasmadas em todos os lugares. Empresas o convidam constantemente para dar palestras — como se não conseguissem saciar por completo a sua sede de sabedoria e bom senso.

Reconhecer, saber expressar reconhecimento e receber reconhecimento estão entre as mais evidentes habilidades que alguém deveria tentar aprender. Por quê? Porque todo mundo gosta de ser reconhecido. Isso traz à tona o melhor das pessoas e faz com que elas ajam de forma mais gentil, rendam mais e se sintam melhor consigo mesmas. Quando as pessoas se sentem reconhecidas, exploram ao máximo seu potencial; são criativas, resistentes, leais e geralmente divertidas de ter por perto. Em meus 45 anos de vida, nunca ouvi alguém comentar: "Eu recebo reconhecimento demais". Por outro lado, já ouvi a frase "Não sou devidamente reconhecido" milhares de vezes. Portanto, embora o valor do reconhecimento pareça óbvio, é muito raro encontrar um especialista na dinâmica tão importante e especial do reconhecimento.

Eis o porquê deste livro de Mike ser tão incrível. Ele apresenta aqui três lições poderosas que cada leitor será capaz de colocar em prática imediatamente.

Prefácio

1. Primeiramente o leitor aprenderá a respeito de sua obsessão com "o que está errado", e como isso afeta sua vida.
2. Em seguida, o leitor aprenderá o que Mike chama de "os cinco princípios do reconhecimento". Li cada um deles três vezes antes de escrever este prefácio, e então me senti mais preparado para ser agradecido que em qualquer outro momento de minha vida. Fiquei atônito diante da profundidade do material e do impacto imediato que ele teve em minha vida e na vida das pessoas. Descobri que, à medida que punha em prática tais princípios, meus dois filhos adolescentes, "como em um passe de mágica", se mostraram novamente interessados em mim. Será que era mágica, ou eles se sentiam mais reconhecidos? Acho que a resposta é simples.
3. Finalmente, o leitor aprenderá a pôr o reconhecimento em ação. Quando demonstro reconhecimento pelas pessoas que trabalham comigo, percebo que elas ficam felizes, e que adoram ser leais, éticas e simpáticas.

Existem forças no nosso mundo que nos estimulam a ser negativos, colocam-nos sempre alerta e enchem nossas mentes com dúvidas a respeito de nós mesmos. Existem milhões de pessoas que reforçam esse modo de vermos as coisas e de nos relacionarmos com o mundo. Este livro é um antídoto a essas pressões. Quase imediatamente após lê-lo, você sentirá uma luz se acender em seu espírito, nutrindo-lhe a alma, e se verá dizendo: "Sim, é desse jeito que eu quero levar minha vida".

Mike Robbins merece felicitações por seu maravilhoso trabalho. Com tanto ceticismo e negativismo no mundo, é reconfortante quando conhecemos alguém como Mike Robbins, que nos faz lembrar do que realmente é importante e nos mostra, em linguagem simples, como usar um dos ingredientes mais importantes da vida em nosso proveito. Depois de aprendermos o que Mike tem a nos ensinar, seremos capazes de modificar, de forma muito positiva, a vida de praticamente todas as pessoas com quem entrarmos em contato. Às vezes esse processo será sutil, às vezes, dramático; mas o reconhecimento genuíno é uma força poderosa e altamente contagiosa. Quando você se torna uma pessoa que demonstra mais reconhecimento pelas outras e aceita com graça e de bom grado o reconhecimento que as pessoas demonstram por você, todos à sua volta — colegas, cônjuges, namorados, filhos, parentes, amigos e até estranhos — não conseguirão deixar de ajudar-se, pois eles também passarão a demonstrar-se mais gratos.

É uma grande honra recomendar este livro com tamanho entusiasmo. Para mim, ele deveria ser leitura obrigatória para todos. Afinal, quem de nós conhece alguém que demonstra reconhecimento pelos outros em demasia? Não muitos, certamente.

Prefácio

Você deu o primeiro passo para se tornar uma pessoa que tem reconhecimento por tudo, e se tornará, por isso, mais feliz e contente. Leia este livro e descubra exatamente como ele funciona. Sua vida se transformará diante de seus olhos!

Novembro de 2006
Richard Carlson
Walnut Creek, Califórnia

Nota: Richard Carlson escreveu este prefácio três semanas antes de falecer, rápida e inesperadamente, em 13 de dezembro de 2006. Com sua morte, o mundo perdeu um grande escritor, professor e ser humano. Eu perdi um amigo querido e um mentor maravilhoso. Sou grato a Richard por sua amizade, seu apoio e sua fé em mim e no meu trabalho.

Introdução

Muitos de nós caminhamos envoltos por uma nuvem escura de negatividade. Focamos muito nossa atenção nos aspectos mais estressantes de nossas vidas, nas coisas de que não gostamos, nas outras pessoas e nas fraquezas que percebemos em nós mesmos. Para piorar a situação, vivemos em uma cultura obcecada por "coisas ruins".

- As notícias na tevê inundam nossas vidas com diversas histórias de violência, guerra e medo. Até mesmo programas para entreter parecem obcecados pela negatividade; aos 18 anos uma pessoa já viu, em média, 200 mil atos de violência na televisão, incluindo 16 mil assassinatos. A internet, o rádio, as revistas e os outros meios de comunicação também nos soterram em más notícias. "Se sangrar, vai agradar" é o lema.
- Anunciantes nos lembram o tempo todo de que não somos bonitos nem fortes o suficiente, ou de que não usamos as roupas da moda. Há muito que precisamos comprar, mas jamais teremos coisas suficientes para nos tornar perfeitos; sempre haverá mais.

- Cada um de nós lida todos os dias com o que percebemos ser aspectos negativos das relações com amigos e filhos, com nossas famílias e com a nossa situação em relação a colegas e chefes.
- Muita gente passa o dia todo preocupada com a intensa competição econômica sob a qual vivemos hoje. Milhões de demissões e aumento de custos transformaram nossa vida particular em uma luta constante pelos recursos que precisamos obter a fim de nutrir nossas famílias e nós mesmos.
- A maioria de nós tem obsessão por nossas deficiências e problemas de um jeito tão desproporcional, que acabamos nos sentindo fracassados, como se realmente houvesse sempre algo de errado. Somos exigentes demais com nós mesmos.

Esse ambiente difuso de negatividade muitas vezes faz com que nós — bem como nossas famílias, grupos, times e organizações — nos mantenhamos focados nas coisas ruins. Respiramos essa atmosfera de notícias alarmantes, comerciais baseados no medo, em estatísticas apavorantes, bem como em reclamações, fofocas e frustração das pessoas. E criamos a tendência de voltar essa negatividade aos outros, sob forma de julgamentos, ou a nós mesmos, sob forma de autocrítica. Coletivamente — nos negócios, nas famílias e entre as comunidades — parecemos focar unicamente nos problemas, nas brigas e nas reclamações.

Com este livro, vou lhes mostrar como escapar desse círculo de negatividade, como focar no que está dando certo e no que você aprecia em si mesmo, nos outros e no mundo à sua volta.

O livro oferece formas simples, poderosas e eficazes de elevar seus níveis de consideração, gratidão e realização, ensinando-o a dissolver a cultura de negatividade e a nuvem na qual sua vida está envolta. Ao ler este livro, praticar os exercícios propostos e utilizar as dicas e técnicas sugeridas, você começará a se mover além da negatividade e ativará o incrível *poder* da consideração. Focar nas coisas boas vai, de fato, fazer que você melhore seus relacionamentos, alcance muito sucesso e realização pessoal, além de experimentar uma grande sensação de gratidão por você mesmo, pelos outros e pela vida.

Não adie a hora de ser feliz

Alguma vez você já se viu esperando algo "bom" acontecer para que pudesse se sentir feliz e livre do estresse? "Quando eu me apaixonar [conseguir aquela promoção, perder 5kg, me formar, pagar minhas dívidas, tiver um filho, alcançar minha grande meta, me aposentar...], serei feliz!"

Parece familiar?

Muitas pessoas pensam assim o tempo todo — só que nunca parece funcionar, não é mesmo? Ou atingimos a meta e descobrimos que a vitória não nos deixou verdadeiramente felizes, ou não a alcançamos e usamos essa falha como combustível para a infelicidade. É uma clássica situação de "perder ou perder".

Ter objetivos e tentar alcançá-los é inegavelmente importante; é um aspecto empolgante da vida e do crescimento. Os objetivos são essenciais para a capacidade de obter sucesso. Entretanto, devemos lembrar que a realização plena e a felicidade vêm de um profundo sentimento de reconhecimento e gratidão, e não da realização em si. Até mesmo nossas maiores conquistas serão insignificantes se não as reconhecermos e percebermos, ao mesmo tempo, nosso próprio valor.

Por trás de todos os sonhos e objetivos que temos existe o desejo de reconhecimento. Queremos nos sentir bem com quem somos e com nossa vida. *Bom para você* trata de alcançar esse nível mais profundo de reconhecimento, que é o que cada um de nós realmente busca. A partir de minha experiência e depois de trabalhar com milhares de pessoas ao longo dos últimos sete anos como palestrante motivacional, líder de seminários e orientador, aprendi que o reconhecimento é o aspecto *mais importante* para a realização e a felicidade. É a chave para o *verdadeiro* sucesso.

Minha história

No dia 5 de junho de 1997, uma terça-feira, na minha terceira temporada como jogador profissional do Royals

Kansas City, sofri uma lesão no cotovelo e fiz meu último arremesso como profissional de beisebol. Tinha 23 anos. Como resultado de minha lesão, vi-me no domingo seguinte sentado no chão do vestiário, de manhã cedo, antes do jogo, com o cotovelo submerso em um balde de gelo. Logo em seguida, alguns companheiros do time chegaram e se sentaram em um banco perto de mim.

Fiquei confuso e me perguntei o que todos estavam fazendo ali, pois ainda faltavam muitas horas para o jogo. Então lembrei que aqueles colegas de equipe vinham participar do "serviço dominical", uma série curta de orações e estudos de histórias bíblicas liderada por um ministro religioso, algumas horas antes do jogo, todos os domingos. Aquele serviço não era obrigatório e tudo era informal, mas muitos jogadores participavam dele regularmente. Às vezes eu comparecia, não por fé ou devoção, mas pela quebra da monotonia das atividades e conversas que rolavam todos os dias durante os treinos.

Naquela manhã em especial, não havia muita escolha; eu estava sentado ali no chão, bem no meio do vestiário, e o treinador me orientara a não mexer o braço enquanto ele estivesse no gelo. Para piorar, eu não podia me levantar e sair sem interromper o que estava para começar. Fiquei onde estava. Sentia-me chateado e definitivamente não tinha interesse em ouvir o que o ministro tinha a nos ensinar.

Quando ele começou a falar, eu o ignorei. Em vez disso, voltei minha atenção para o braço e para a ansiedade que sentia por causa da lesão. Já me acostumara a lidar com ferimentos desde os 17 anos, mas aquele ali parecia diferente. Eu tinha consulta marcada com o médico para o dia seguinte e, lá no fundo, sentia que o pior poderia acontecer: minha carreira de jogador de beisebol seria encerrada.

Depois do momento inicial do serviço, o assunto sobre o qual o ministro falava atraiu minha atenção. Sem conseguir evitar, comecei a escutá-lo. A história que ele contava ocorrera havia muito tempo. Era sobre um jovem jogador de beisebol dotado de extraordinário talento. Aos 19 ele conseguira chegar a um time da primeira divisão. Naquela temporada — sua primeira oportunidade entre os grandes jogadores —, o jovem estava se esforçando de forma admirável. Ao término do primeiro mês, porém, não aguentava mais; foi até o escritório do treinador e pediu para sair. Disse que beisebol deixara de ser divertido. Estava frustrado com as vaias da torcida; os repórteres esportivos escreviam coisas negativas a seu respeito e ele já não conseguia rebater direito uma bola de efeito nem que sua vida dependesse daquilo. Queria largar tudo e voltar para casa.

O treinador olhou para ele, colocou um braço em torno do seu ombro e disse que o compreendia. Percebeu que o jovem estava frustrado e pouco à vontade diante do primeiro fracasso público — e se sentia ridicularizado provavelmente pela primeira vez na vida.

O treinador disse:

— Sei que não é nada divertido errar, mas esse jogo é difícil, e às vezes é necessário muito esforço para seguir em frente. Uma das piores partes do beisebol é que as atividades acontecem em público. Quando você erra as pessoas veem, falam disso e escrevem a respeito. Eu sei o quanto isso é difícil. Infelizmente, são ossos do ofício. Aguente firme! Você tem talento, filho, precisa apenas acreditar em si mesmo. Eu acredito. Você pode se tornar uma estrela da primeira divisão.

O jogador ouviu o treinador, a quem respeitava, e aceitou seus elogios. Decidiu permanecer até o fim da temporada. Voltou à ação e aos poucos foi melhorando. Começou a rebater com segurança bolas de efeito e, pouco a pouco, os repórteres começaram a escrever coisas positivas a respeito dele. No fim da primeira temporada, ele estava jogando muito bem. Resolveu seguir a carreira e jogar na temporada seguinte.

O ministro fez uma pausa e olhou em torno do vestiário, para cada um que estava sentado ali. De forma lenta e dramática, disse:

— Willie Mays foi em frente e se tornou um dos maiores jogadores de todos os tempos.

Parou, continuou olhando para todos e perguntou:

— E se Willie Mays tivesse jogado tudo para o alto? Se tivesse desistido e cedido aos seus medos e dúvidas? Teríamos perdido não apenas um dos maiores jogadores de beisebol que já existiram mas também um ídolo americano.

A parte que mais me impressionou foi quando ele afirmou que apesar de todos errarmos em algum momento, nos preocuparmos e passarmos por situações em que temos vontade de desistir, desenvolvemos nossa coragem de acreditar em nós mesmos e reconhecer nossos dons e talentos. Às vezes, só precisamos de um empurrãozinho na direção positiva, como o que Mays recebeu do treinador.

Ao ouvir essa história, diversos sentimentos brotaram dentro de mim. Bem ali, no meio do vestiário, com meus companheiros de equipe ao redor, comecei a chorar. Morri de vergonha. Chorar no vestiário era muito constrangedor, mas eu não consegui me controlar. Aquelas lágrimas desciam porque me identifiquei por completo com o que Willie Mays sentiu quando teve vontade de desistir.

Além do mais, compreendi, naquele instante, que, não obstante meus esforços para ser um grande jogador ao longo dos anos, eu nunca tinha reconhecido o quanto eu era bom. Meu foco sempre foi em me tornar melhor a cada instante. Vivia assombrado pela possibilidade de não ser bom o suficiente e meu objetivo era me superar o tempo todo. Vivia com medo de que a minha carreira no beisebol não fosse deslanchar, em vez de reconhecer o quanto eu já havia ido longe.

Enxergando as coisas com mais clareza

Pensando naquele instante no vestiário, lembrei-me das grandes experiências que vivenciara no beisebol. A princípio, jogava em times juvenis, com meus amigos; participei da equipe que representou minha cidade e alcancei os campeonatos estaduais; viajei até a Califórnia com meu time da colônia de férias, na época do ensino médio, até ser convocado para jogar beisebol pela Universidade de Stanford, onde participei do Campeonato Americano de Beisebol e fui convidado a jogar para os New York Yankees logo que acabei a escola; lutei para superar lesões e uma cirurgia, joguei como arremessador durante a faculdade com muito sucesso, e fui eleito um dos dez melhores jogadores do Pac-10, o campeonato da federação americana; continuei minha carreira no Campeonato Mundial Universitário atuando como arremessador em jogos ao vivo transmitidos para milhões de telespectadores pela CBS; fui convocado mais uma vez e assinei um contrato profissional com o Kansas City Royals; jogava meu primeiro jogo de beisebol como profissional; curtia o meu primeiro treinamento de primavera e vestia um uniforme de um dos maiores times do país. Conforme eu ia pensando em tudo aquilo, a lista aumentava sem parar.

Eu superara muitas adversidades, tanto no beisebol quanto na vida pessoal. Meu pai não se fazia muito presente quando eu era criança, e a minha família não tinha muito dinheiro. Apesar disso, fiz de tudo para criar oportunidades para mim mesmo, tanto na escola quanto nos esportes, ao mesmo tempo em que lidava com dúvidas pessoais intensas a respeito do meu talento e até episódios de depressão.

Ao longo de todos aqueles desafios, sempre fui capaz de grandes atuações dentro e fora do campo. Olhando em perspectiva para minha vida e para minha carreira como jogador de beisebol até aquele ponto, percebi que havia muita coisa ali à espera do meu reconhecimento e, infelizmente, eu nunca prestara atenção a todas as coisas boas que me aconteceram pelo caminho.

Sentado no chão do vestiário naquela manhã eu finalmente consegui identificar tudo o que havia conseguido realizar e superar. Embora estivesse frente a frente com o fim da minha carreira no beisebol, ao perceber quanto perdera ao longo do tempo, fui invadido, naquele momento, por um maravilhoso sentimento de reconhecimento por quem eu era e por tudo que havia conseguido na vida. Foi algo que eu nunca sentira antes. Sim, eu me sentia apavorado e decepcionado diante da possibilidade de seguir em frente sem o beisebol, mas meus medos foram engolidos por um avassalador sentimento de orgulho de mim mesmo.

Ao fim da manhã, quando o serviço religioso terminou, percebi que, em um nível mais profundo, o orgulho que eu sentia não era exatamente por minhas conquistas específicas, por mais que elas fossem importantes. Tratava-se mais da coragem, da força e da determinação que eu havia demonstrado, perseverando sempre e fazendo as coisas acontecerem. Estive o tempo todo focado unicamente no meu objetivo máximo, a cada momento, nas coisas que precisavam ser melhoradas, em trabalhar duro e tentar fazer tudo da forma correta. Meu único erro foi me esquecer de me divertir ao longo da jornada.

Ao olhar à minha volta no vestiário, naquela manhã, vi os rostos dos meus colegas de equipe. Pela primeira vez em minha carreira de jogador de beisebol eu consegui realmente ver, sentir e compreender os medos deles. Todos ali tinham um sonho, exatamente como eu. Eles queriam "chegar lá". No entanto, dava para ver em seus olhos que todos estavam apavorados, assim como eu. Durante toda a minha vida pensei que fosse o único a me sentir daquela forma.

Somos muito duros conosco. Ali estávamos, um grupo de jovens saudáveis e talentosos, sendo pagos para praticar um esporte que todos amavam desde a infância. Só isso já deveria representar um sonho realizado para cada um de nós. Entretanto, devido à pressão intensa, ao estresse, às expectativas que nós mesmos gerávamos e que se perpetuavam naquele ambiente, a maioria tinha pouco senso de reconhecimento por si mesmo; ou uns pelos outros; ou pela empolgante oportunidade de jogar beisebol profissionalmente.

Descobrindo o reconhecimento — um momento que redefiniu a minha vida
Por meio de todos os pensamentos e emoções que experimentei durante o curto espaço de tempo no clube naque-

le domingo de manhã, aprendi muito a respeito de mim mesmo e da vida. Percebi que se eu pudesse dar mais atenção à minha valorização própria, dos meus companheiros de equipe e do meu ambiente de trabalho, eu teria curtido muito mais a experiência de jogar beisebol, e as minhas chances de ser bem-sucedido, de me sentir pleno e realizado teriam aumentado.

Em uma escala maior, percebi a importância do reconhecimento e de quanto ele é vital para a realização e para o sucesso na vida. Eu não precisava depender tanto dos meus resultados para apreciar de verdade a mim mesmo, a minha vida e todos ao meu redor. Naquele momento definitivo, fiz um compromisso comigo mesmo, por meio do qual eu me propunha a ver e a apreciar a grandeza em mim e nos outros, o tempo todo.

O fim da minha carreira no beisebol

Esse compromisso permaneceu em minha mente quando me consultei com o médico no dia seguinte e fui mandado para Califórnia. Iria me submeter a uma complicada operação no braço. Na primavera seguinte, já completamente recuperado da cirurgia, o Kansas City Royals rescindiu o meu contrato. Mantendo a determinação, eu ainda fiz tudo o que pude para reabilitar meu braço a fim de voltar ao *mound*, o monte do arremessador. Só que depois de mais duas operações, centenas de horas de fisioterapia e várias formas de tratamentos médicos alternativos, percebi com clareza que a dor no braço nunca

Introdução

mais me permitiria lançar em um nível alto o suficiente para que a minha carreira no beisebol continuasse.

No dia em que completei 25 anos, 7 de fevereiro de 1999, em um restaurante com minha família, comuniquei a todos que estava me aposentando do beisebol para tocar a vida em frente. Foi um momento ao mesmo tempo triste e libertador. Desde os sete anos até aquele instante eu sempre soube exatamente o que queria fazer na vida, para onde pretendia ir e o que era mais importante para mim.

Ao olhar para a minha carreira no beisebol, em perspectiva, percebi duas coisas interessantes: a primeira é que o único arrependimento que eu tive naqueles 18 anos foi não ter reconhecido por completo a mim mesmo e as fantásticas experiências que vivenciava enquanto estavam acontecendo. A segunda foi que naquele dia, no vestiário, a história de Willie Mays que o ministro nos contou e se tornou o gatilho para a minha percepção sobre a importância da gratidão e do reconhecimento, tinha sido um dos pontos altos da minha carreira e de toda a minha vida. Eu sabia que desejava focar a minha vida pessoal e, por extensão, profissional, em lembrar essa importante lição, bem como ensiná-la a outros.

Navegando pela bolha da internet e descobrindo minha verdadeira vocação.
A essa altura da vida, eu não fazia a mínima ideia de como alcançar meu novo objetivo de levar uma vida de gratidão e reconhecimento, além de ensinar outras pessoas a fazê-lo.

Depois de me aposentar do beisebol, comecei a trabalhar em vendas, publicidade e na parte de desenvolvimento de uma empresa iniciante da internet. A chamada bolha da internet ainda estava no período de força total, com números que aumentavam sem parar, e eu me senti com sorte de poder surfar naquela onda popular e empolgante. Ao mesmo tempo, fui me tornando cada vez mais apaixonado pelo meu crescimento pessoal, que sempre fora algo muito importante para mim. Eu lia muitos livros, ouvia fitas, CDs e participava de quantos seminários de desenvolvimento pessoal eu conseguisse. Queria ser feliz, queria aprender a respeito de mim e tentar descobrir, a partir de uma perspectiva mental, emocional e espiritual o que significava a vida e como ser verdadeiramente bem sucedido e realizado.

Em todos os livros, fitas e seminários, eu ouvia mensagens poderosas sobre o que eu já sabia que era a pura verdade: a gratidão, o reconhecimento e a autoestima eram as chaves para alcançar o sucesso e a realização. Eu também me vi obrigado a partilhar a minha história, as minhas descobertas e a minha sabedoria com outras pessoas, de forma a fazer diferença na vida delas. Embora, no fundo, eu me preocupasse com o fato de ser muito jovem, achando que ninguém iria prestar atenção em mim e que talvez eu não soubesse o que estava fazendo, fiz questão de seguir o meu coração e minha paixão e dei início a uma nova atividade como palestrante motivacional e conselheiro.

Introdução

Em julho de 2000, fui demitido da empresa onde eu começara a trabalhar por conta da euforia da internet. Novamente tive a oportunidade de vivenciar um novo e poderoso exemplo de como eu e muitas das pessoas ao meu redor não apreciávamos as bênçãos e sucessos de algo (no caso, o crescimento extraordinário da bolha da internet) até tudo acabar.

Cerca de um mês antes da data marcada para a companhia em que eu trabalhava lançar suas ações na bolsa, com muitos de nós antevendo fortunas inesperadas batendo à porta e chegando a milhares e até mesmo milhões de dólares, tudo desabou com a queda do mercado financeiro. Na verdade, o despencar das ações foi uma bênção e serviu para me dar o empurrão final de que eu precisava para me lançar ao trabalho que eu realmente queria realizar e já vinha realizando, na verdade, ao longo dos últimos anos: incentivar indivíduos e grupos de pessoas a manter o foco sempre nas coisas boas, fazê-los lembrar-se de tudo pelo qual devem ser gratos e usar o incrível poder do reconhecimento para transformar a vida deles.

Meu trabalho e o impacto que causou
Utilizando minha vivência nos esportes, minhas experiências pessoais e meus anos dedicados ao estudo do desenvolvimento pessoal, psicologia e relações humanas, tive o privilégio de trabalhar com milhares de pessoas ao longo de sete anos.

Por meio de sessões particulares de treinamento, artigos, oficinas abertas e centenas de convites para palestras em organizações como a AT&T, o Ministério do Trabalho dos Estados Unidos, a empresa de seguros de vida New York Life Insurance, a Kaiser Permanente, uma empresa da área de saúde e muitas outras, eu venho desenvolvendo e ensinando, já faz algum tempo, os poderosos princípios do reconhecimento e da gratidão que estão contidos neste livro.

Meus clientes e os membros das plateias que me ouvem vêm usando essas dicas e técnicas para melhorar seus relacionamentos, para gerar mais sucesso e realizações na vida e para apreciar a si mesmos e aos que lhes são queridos de forma significativa. Ao longo dos anos de trabalho com meus clientes, vi:

- Indivíduos expandindo a gratidão e o reconhecimento que sentem por si mesmos e pela vida, estendendo isso para a relação com outras pessoas.
- Pessoas resolvendo conflitos com seus entes queridos, membros da família, amigos e colegas de trabalho.
- Indivíduos ganhando confiança e clareza a respeito de seus sonhos e agindo de forma eficiente para alcançar tais objetivos.
- Pessoas aumentando a produtividade e o sucesso ao focar as energias em seus pontos fortes, sentindo-se agradecidas por tudo que já tinham alcançado.
- Equipes e grupos se comunicando com mais eficiência e de forma que expressava reconhecimento.

Introdução

- Organizações transformando suas culturas de negatividade e fofocas em um comportamento de reconhecimento e fortalecimento.

Ao ler este livro, focar nas coisas boas e utilizar o poder do reconhecimento, você será capaz de criar esses resultados em sua vida na companhia de pessoas. Reconhecer a si mesmo, os outros e a vida ao seu redor é o passo mais importante que pode dar para transformar sua vida, melhorar suas relações e criar o sucesso e a plenitude que realmente deseja.

Como usar este livro

Bom para você está dividido em três partes. A primeira parte trata do "problema" que contribuiu para a epidemia de negatividade em nossa cultura, em nossas relações e em nós mesmos. Esse problema é complexo e difuso. O primeiro capítulo analisa a negatividade que direcionamos às outras pessoas e que existe a nossa volta, em nossa cultura; o segundo capítulo foca na negatividade que direcionamos para nós mesmos sob a forma de autocrítica.

Para integrar e utilizar o poder transformador do reconhecimento em sua vida é essencial darmos uma boa olhada em quanto esse negativismo cultural e pessoal é invasivo e como ele o afeta e ao mundo a sua volta.

É igualmente essencial observar de forma honesta que torna o reconhecimento pela vida, pelos outros e por você algo difícil ou desafiador, em nível pessoal. A primeira parte visa aprofundar-se na negatividade e no impacto sobre você.

O foco da segunda parte é a "solução". Os cinco poderosos princípios de reconhecimento discutidos na segunda parte são aqueles que eu desenvolvi ao longo dos anos de trabalho, com indivíduos e grupos. Cada um deles foi designado para fortalecer você com novas ideias, perspectivas e práticas que levam a um maior reconhecimento, sucesso e plenitude em sua vida, em seus relacionamentos e em suas comunidades. Aqui estão eles:

Princípio 1: seja grato
Princípio 2: escolha pensamentos e sentimentos positivos
Princípio 3: utilize palavras positivas
Princípio 4: reconheça o valor dos outros
Princípio 5: reconheça seu próprio valor

Esses cinco princípios do reconhecimento são todos conceitos poderosos que ensino às pessoas em sessões e treinamentos, bem como em seminários, oficinas e palestras temáticas. Cada um deles complementa e se soma ao anterior, guiando você ao longo de um processo que se inicia com a busca pelas coisas boas da vida, visando direcionar o poder dos seus pensamentos, sentimentos e palavras até encontrar o que é bom nos outros, deixando que eles saibam disso, e termina com o mais importante e poderoso aspecto de todos: o reconhecimento e o amor a si mesmo. Esses princípios são muito simples de compreender e implementar. Colocá-los em prática na sua vida vai ter um forte impacto não só em você como nos que estão ao seu redor e do seu senso de sucesso e realização.

A terceira parte trata de ação. Fazer durar as mudanças que implementamos em nossa vida não é uma questão do que sabemos, e sim do que fazemos. Essa última seção do livro permitirá que você integre as coisas que leu e aprendeu e descubra formas específicas de pôr tudo em prática na vida.

Exercícios interativos e práticas positivas
Quase todos os capítulos incluem exercícios interativos que deverão ser feitos à medida que progride. Cada exercício foi planejado para ser executado no mesmo momento em que o lê. Tais exercícios permitem que haja envolvimento com o material de forma pessoal e específica, que é única para você e sua vida.

Ao final da maioria dos capítulos, descrevo várias "práticas positivas". Cada exercício sugerido é útil, prático e detalhado. Eles foram planejados para realmente *colocar em prática* as lições sobre cada um dos princípios do reconhecimento em sua vida diária. Eu listei vários desses exercícios para oferecer muitas opções de escolha a partir das quais você poderá inventar exercícios seguindo ideias específicas para o seu caso e que possam funcionar exclusivamente para você. Embora eu o deixe à vontade para usar todos os exercícios, o melhor método é escolher um ou dois preferidos e começar a usá-los em sua vida já durante a leitura deste livro. Você poderá também anotá-los em pedaços de papel e trocar ideias sobre eles com outras pessoas, como forma de tê-los sempre em mente.

Todos esses exercícios são os que eu uso com meus clientes. Eles foram testados no dia a dia e projetados para elevar seu grau de reconhecimento e gratidão. Alguns deles são focados em você, como indivíduo. Em outras palavras, você poderá colocá-los em prática por conta própria, enquanto lê o livro. Outros foram criados para serem feitos com um parceiro (marido, esposa, amigo, parente ou entes queridos em geral) ou ainda em grupo (equipe de trabalho, time esportivo, equipe, família, grupo comunitário e assim por diante). Seria uma boa ideia deixar um diário ou caderninho de anotações à mão ao ler o livro, para que você tenha um local organizado onde escrever, fazer listas e se dedicar por completo aos exercícios e práticas. Divirta-se com eles e lembre sempre que são simplesmente "exercícios", e não há razão para ter medo de errar.

Como palestrante, líder de seminários e orientador, já trabalhei com milhares de pessoas de todas as áreas. Eu mesmo coloco em prática esses princípios de reconhecimento e gratidão todos os dias. Conforme aprendi no meu trabalho com outros e em minha vida pessoal, é a nossa habilidade de sentir e expressar o verdadeiro reconhecimento e focar nas coisas boas que nos leva a alcançar a genuína realização em nossas vidas, e não o contrário. A arte do reconhecimento é muito mais que simplesmente dizer "obrigado" ou reparar regularmente nas coisas boas que estão à nossa volta. O verdadeiro reconhecimento representa uma mudança completa na forma com que nos relacionamos com nós mesmos, com os outros e com o mundo em torno de nós. Ao nos comprometermos a levar uma vida de reconhecimento e gratidão, colocamo-nos no caminho verdadeiro da gratificação profunda e da felicidade autêntica.

Obrigado por escolher este livro e se juntar a mim nessa jornada. Quando acabar a leitura, espero que me conte o que achou e partilhe comigo algumas de suas ideias mandando a sua mensagem através do e-mail: mike@mike-robbins.com. Porém, antes de qualquer coisa, vamos começar nosso trabalho.

Parte Um

Nossa obsessão pelas coisas ruins

1

O que há de errado no mundo?

O mundo de hoje está impregnado de negatividade, como é fácil verificar ao entrar na internet, ligar a tevê, pegar um jornal ou prestar atenção às conversas ao redor. Em nível pessoal, pense, nem que seja por um instante, nos pensamentos e sentimentos negativos, nas conversas com outras pessoas, desafios, problemas e conflitos em sua vida com os quais se preocupa.

Se você parar para prestar atenção, muito do que vemos, dizemos, ouvimos, pensamos e testemunhamos diariamente está focado nas "coisas ruins". Adoramos falar no que está errado ou fofocar sobre os fracassos ou transgressões dos outros; curtimos uma obsessão constante pelos próprios problemas e adoramos reclamar de tudo. Sendo assim, antes de analisarmos os princípios do reconhecimento que nos possibilitarão o foco nas coisas boas — como forma de criar um sentimento mais pleno de felicidade, paz e realização na nossa vida e na dos que estão à nossa volta — precisamos analisar com sinceridade a natureza insidiosa da negatividade.

Apreciar a nós mesmos, reconhecer o valor dos outros e manter o foco nas coisas pelas quais somos gratos é muito simples. Todos nós sabemos como fazer essas coisas, de um jeito ou de outro. Entretanto, embora sejam atos simples, eles acabam se tornando mais complicados devido à forma com que sempre focamos os fatores mais estressantes e os aspectos mais desafiadores da vida.

Tanto em nível cultural quanto pessoal, tendemos a dedicar nossa atenção e energia àquilo que percebemos como certo ou errado de forma desproporcional. Por que fazemos isso? A resposta é complexa. Analisaremos a primeira parte da resposta aqui no Capítulo I. No Capítulo II, discutiremos o segundo aspecto, que é mais pessoal.

Neste capítulo, vamos observar algumas das maneiras pelas quais a negatividade surge em nossa vida, nos relacionamentos e no mundo. É muito importante começarmos aqui, pois à medida que enfrentarmos a nossa própria negatividade de forma sincera, estaremos, na verdade, mais aptos a lidar com ela de maneira efetiva para, então, superá-la. Olhar diretamente para a nossa negatividade e domá-la é o primeiro passo para transformá-la.

A obsessão que temos por nossos próprios problemas

Muitas pessoas são obcecadas por problemas, questões pessoais e conflitos na vida. Frequentemente adoramos contar sobre desafios enfrentados no trabalho, nos nossos relacionamentos, com nossos filhos e em outras atividades. Tente pensar sobre o que conversamos quando nos reunimos com familiares ou amigos. Quer sejam problemas de saúde, conflitos interpessoais, problemas financeiros, temas políticos, outras pessoas, quer sejam sobre nós mesmos — nossa tendência é focar muita de nossa atenção e energia nas próprias dificuldades.

Mesmo as pessoas que não se sentem muito à vontade quando falam dessas coisas em voz alta muitas vezes remoem-nas e se preocupam muito com seus problemas, assuntos e estresses. Uma das minhas clientes, Sherry, me disse: "Mike, eu detesto falar a respeito dos meus problemas, como por exemplo as coisas que eu odeio no meu chefe, os desafios que enfrento com meu marido ou o fato de que meus dois filhos vêm se envolvendo em muitos problemas na escola. Só que não consigo parar de pensar nessas coisas. Sonho com elas, me preocupo e elas acabam dominando minha vida a cada dia."

Pensar nos problemas, falar sobre eles e sobre nossas questões e desafios pode ser muito positivo. Entretanto, o processo só será positivo se os nossos pensamentos e conversas a respeito das dificuldades nos ajudarem a seguir em frente, superando a negatividade, empreendendo mudanças positivas e deixando de lado o que não vale a pena. O que torna prejudicial é que na maior parte do tempo simplesmente demonstramos obsessão por nossos problemas e isso os torna ainda piores. Essa obsessão leva a mais negatividade e a mais problemas que, por fim, acabam por ter um impacto debilitante em nossas vidas.

Negatividade em relação aos outros

Se você passar um dia inteiro monitorando seus pensamentos e conversas, quanto do que pensa e fala a respeito de outras pessoas poderia ser considerado uma crítica?

Embora a resposta a essa pergunta varie para cada um de nós, infelizmente a maioria dos pensamentos e comentários a respeito dos outros é negativa. Tendemos a focar nossa atenção nas coisas de que não gostamos, naquilo que nos irrita ou aborrece nos outros.

Se você entrar em uma conversa que já está em curso a respeito de uma pessoa que não está presente, pode notar que muitas vezes o assunto gira em torno de críticas, julgamento ou fofoca.

Por que isso acontece, e qual o impacto que essa negatividade tem sobre nós, sobre nossos relacionamentos e sobre nosso ambiente? Há vários motivos para isso ocorrer, e é incomensurável o impacto que esse criticismo interpessoal tem sobre nós. É indiscutível que ele seja difuso e impeça a habilidade de expressarmos qualquer reconhecimento verdadeiro ou gratidão pelas pessoas à nossa volta. Vamos analisar alguns dos modos como essa negatividade se manifesta em nosso cotidiano e por que o reconhecimento de outras pessoas pode ser difícil ou desafiador para muitos de nós.

Julgamentos

Já reparou no quanto julga em pensamento? Temos opiniões formadas sobre as pessoas e sobre todas as coisas. Na maioria das vezes o assunto não nos compete. Meu cérebro pode ser automatizado a julgar, se eu não tomar cuidado: "Não gosto disso, não concordo com aquilo; isso é burrice; ela é esquisita; ele é um sujeito feio; qual é o problema com aquele cara?; por que ela come daquele jeito?; que roupa é aquela?; odeio gente que dirige desse jeito; ela é controladora demais; ele é muito agressivo; fulano precisa perder uns quilinhos; o que houve com a cara dela?; por que ele é tão arrogante?; você precisa se acalmar", e a lista segue, é interminável.

Tais pensamentos fazem parte do dia a dia, e isso acontece com a maioria de nós. A questão não se resume aos pensamentos, mas no que consideramos como "verdadeiro". Muitos de nós temos dificuldade de distinguir entre nossas opiniões e a verdade. O nosso julgamento não é capaz de definir nada; é independente. Sei que esse é um conceito simples e básico, mas que geralmente esquecemos, e continuamos a acreditar que nossas opiniões são fatos.

É essa natureza negativa da nossa cultura, de focar nas coisas ruins e no péssimo hábito — direto ou indireto — de pensar e falar sobre coisas e pessoas das quais não gostamos. Por esse círculo que criamos, muitos ficamos aprisionados em uma armadilha de pensamentos negativos e intolerância o tempo todo. O pior é que muitas vezes nem nos damos conta dos nossos julgamentos; não percebemos que estão regendo nossa vida e colorindo nossa experiência com tudo e todos. É como quando o ar condicionado está ligado, fazendo muito ruído, mas não ouvimos nada, porque já nos acostumamos ao som alto. Somente quando ele se desliga e o local fica absolutamente silencioso é que conseguimos perceber o quanto o barulho estava alto, desde o início.

Nossos julgamentos e opiniões causam grande impacto em nossa vida, na forma de vermos as coisas e em nossos relacionamentos. Por exemplo, imagine que você possui uma opinião muito negativa do presidente da república, o que acontece com muita gente, independentemente de qual presidente seja. Você e a sua opinião negativa e julgadora se sentam para assistir a um pronunciamento do presidente na tevê, em cadeia nacional, sobre a situação do país. Devido ao que sente pelo presidente, qual será sua impressão sobre o pronunciamento dele? Provavelmente prestará atenção apenas às coisas das quais não gosta, com as quais não concorda ou que acha idiota no discurso, nas ideias apresentadas e sobre o próprio presidente.

Outra pessoa que esteja assistindo ao mesmo discurso com uma opinião mais positiva, provavelmente passará por uma experiência diferente e chegará a uma conclusão igualmente diversa. O pronunciamento foi o mesmo nos dois casos, mas o nosso julgamento sobre a pessoa que está fazendo o discurso tem um impacto imenso em nossa percepção.

Esse mesmo fenômeno acontece com nossos entes queridos, amigos, família, colaboradores e outros. Nossas opiniões e julgamentos determinam a forma como os vemos. Em outras palavras, sempre encontramos aquilo que procuramos nas pessoas. Infelizmente, muitas vezes estamos em busca do que não gostamos.

Não há nada de errado em termos opiniões próprias a respeito de coisas e pessoas — todos as temos e sempre as teremos. O problema não é com as opiniões em si; mas com a atitude de julgamento justo com o qual as imbuímos — achando que estamos CERTOS, com letras maiúsculas, a respeito de todas as nossas avaliações. E como muitos têm a tendência de prestar atenção nas coisas de que não gostam em outras pessoas, acabam por se colocar num beco sem saída, acuados por seus próprios julgamentos limitadores.

Fofoca
Muitas pessoas adoram fofocar — falar sobre alguém entre sussurros e segredos; passar adiante coisas negativas que ouvimos a respeito de outros e que podem ou não

ser verdade; curtir a conversa, rir ou zombar abertamente em companhia de pessoas de mesma mentalidade. Em termos culturais, vemos isso em toda a parte. Existem programas de tevê, revistas e artigos de jornal totalmente dedicados a fofocas. Em nível pessoal, todos conhecem alguém (ou várias pessoas) que adoram falar sobre os "podres" dos outros. Sejamos sinceros: alguns de nós sabemos que *somos* aquela pessoa.

As fofocas se situam entre duas categorias — representam nossos julgamentos a respeito dos outros, expressos em voz alta, e o repassar de histórias negativas ou boatos sobre alguém. De um modo ou de outro, vemos, ouvimos e participamos de fofocas o tempo todo.

Quando eu tinha 14 anos, consegui meu primeiro emprego como ajudante de garçom em um restaurante mexicano que ficava numa rua paralela à que eu morava em Oakland, na Califórnia. Para mim foi uma grande conquista e eu estava empolgado com a oportunidade de ganhar algum dinheiro com meu próprio trabalho. Queria comprar um carro quando fizesse 16 anos, e aquele emprego era um jeito de conseguir isso. Lembro-me de ter me sentido um pouco sobrecarregado pelo processo de treinamento — eram muitos detalhes para aprender e coisas para cuidar.

O chefe dos ajudantes de garçom, encarregado do meu treinamento, era um rapaz de 17 anos. O nome dele era Pete e já trabalhava ali havia mais de um ano, estava terminando o ensino médio (eu ainda cursava o ensino fundamental), e parecia saber de tudo o que acontecia no restaurante. Eu o admirava e me sentia feliz por ele me dar todas as dicas do serviço. Na minha primeira noite de treinamento eu o segui por todo o lado, e ele me explicou tudo o que eu precisava fazer e aprender para ser bem-sucedido no trabalho — retirar os pratos usados das mesas e colocar novos talheres e pratos; servir burritos e água para os clientes que chegavam e assim por diante.

No primeiro intervalo, Pete foi comigo descansar nos fundos da loja e começou a me contar um monte de coisas sobre as outras pessoas que trabalhavam no restaurante — os gerentes, os garçons e garçonetes, os outros rapazes e moças que estavam em treinamento, os cozinheiros, o pessoal que servia no bar e até mesmo os empregados que lavavam os pratos. Algumas daquelas pessoas eu conhecera no primeiro dia, mas muitas delas, não. Ele me contou quem era gente fina, quem era pão-duro, quem era esquisito, quem transava com quem, quem bebia demais, quem era competente, quem não era e mais um monte de detalhes suculentos. Eu adorei aquilo e agradeci muito por ele me entregar de bandeja todas aquelas informações sobre os colegas.

Hoje em dia eu chamo isso de treinamento "extra-oficial". É uma parte do processo de quase todos os empregos, onde alguém ou um grupo de pessoas se encarrega de contar todas as fofocas e "podres" sobre os colegas de trabalho ou companheiros de equipe, da mesma forma, opiniões informais sempre relacionadas com julgamentos.

Se alguma vez você já trabalhou em uma organização, se uniu a um grupo de algum tipo ou começou em um novo emprego, sabe exatamente do que estou falando. Quando cito esse exemplo nas reuniões para discutir linhas de ação ou em seminários e palestras que dou em empresas, isso sempre tira boas gargalhadas da plateia, que se identifica com o caso. Trata-se de um exemplo muito real e específico de fofoca, e é assim que ela se manifesta nos grupos.

Embora a fofoca possa parecer inócua, ela é, em última análise, um dos grandes fatores que dividem as pessoas. Creio que a fofoca, em uma organização, é como o câncer no corpo; lentamente corrói os tecidos que formam a equipe até que se destrói por completo, sozinha.

Em famílias e relacionamentos pessoais, a fofoca é igualmente danosa. Todos podemos ter um tio "doidinho", ou alguém que fala demais, come demais ou aparece com roupas extravagantes nas reuniões familiares. Entretanto, quando compartilhamos nossas opiniões negativas sobre membros da família com amigos ou parentes, na verdade pioramos as coisas.

Comparação e espírito de competição

Espírito de competição é outra grande causa de negatividade para com os outros. Quer você se considere competitivo, quer não, vivemos em uma sociedade extremamente competitiva e desde criança aprendemos — direta ou indiretamente — a nos comparar com os outros e a competir com irmãos, parentes, amigos, companheiros de trabalho ou colegas de equipe. Aprendemos a acreditar que se conseguirmos correr mais rápido, tirar as melhores notas, tocarmos um instrumento musical melhor; se formos mais altos, bonitos e fortes, conseguiremos vencer, ser bem-sucedidos e mais felizes pelo resto da vida.

Pois é... Cá entre nós, conforme sabemos, esse "treinamento" não compensou ou não se mostrou verdadeiro. Comparação e competição não nos ajudam a ser melhores nem mais felizes — em muitos casos é exatamente o contrário.

Um dos mais marcantes exemplos de competição que vivenciei ocorreu na minha primeira temporada de treinamento no Kansas City Royals. Assinei o meu contrato com os Royals como jogador profissional de beisebol em junho de 1995, aos 21 anos. Comecei a temporada em março daquele ano. Eu me sentia ótimo comigo mesmo, confiante nas minhas habilidades e muito empolgado por entrar na minha primeira temporada completa no beisebol profissional. A chegada no estádio onde o primeiro treino aconteceria foi muito empolgante. Em meu armário havia um uniforme oficial do Kansas City Royals. Não era novo e nem o usado nas competições oficiais, mas era um uniforme oficial. E nas costas havia o meu nome, ROBBINS, em letras pretas imensas. Foi emocionante!

Disseram-me para ir direto para o campo, onde haveria uma reunião com o time completo. O grupo era formado basicamente de arremessadores e rebatedores.

Tivemos de nos apresentar na sede alguns dias antes do início oficial da temporada para trabalhar os braços e deixá-los em forma antes de o resto do time chegar. Todos os arremessadores tinham uniformes brancos, enquanto os rebatedores vestiam uniformes azuis. Todos estavam de calças cinza, mas era fácil identificar quem era quem.

Quando a reunião teve início e alguns treinadores começaram a conversar conosco, minha atenção se voltou gradativamente de suas palavras para o grupo em si. Fiquei surpreso com o número de jogadores que havia ali. Não conhecia a maioria deles, mas muitos me pareceram "*studs*". Para quem não sabe, *stud*, no jargão de beisebol, é a palavra usada para descrever um jogador muito bom e talentoso.

Minha curiosidade e minha natureza competitiva logo despertaram e decidi contar quantos arremessadores estavam naquela reunião, além de mim. Eram setenta e cinco. Não acreditei que houvesse tantos e contei uma segunda vez. Confirmado: havia setenta e cinco arremessadores só no campo menor. E soubemos que ainda havia outros vinte e cinco arremessadores que estavam no campo "do outro lado", que era o campo maior.

Ao longo da vida e da carreira eu já estivera em várias situações de muita competitividade, mas nada que se comparasse ao que havia ali. Aquilo era coisa séria — beisebol profissional, e tanto os meus sonhos quanto o meu futuro estavam em jogo. Quando os nossos treinos para a temporada oficial começaram, percebi que estava brigando contra os outros arremessadores. Não fazia isso abertamente, mas, apesar da minha postura externa, eu ria por dentro quando alguém lançava mal, e uma parte de mim ficava até mesmo vergonhosamente satisfeita quando alguém era cortado do time ou se contundia. Cada vez que isso acontecia eu sabia que aquele era um arremessador a menos para competir comigo pela vaga. Era doentio, mas real. Esse ambiente, associado ao meu desejo intenso de vencer e ser bem-sucedido, me transformaram em um monstro alimentado por comparações de estilo, uma pessoa altamente competitiva.

Muitos jogadores têm orgulho de sua competitividade e de sua sede de sucesso. Infelizmente, confundimos competir com vencer. Querer vencer, tentar alcançar e superar os próprios limites e curtir a vitória são coisas maravilhosas. Querer derrotar os colegas, desejar coisas ruins a eles por puro espírito de competição e comparar com críticas destrutivas o nosso jogo com o de outras pessoas pode ser danoso e negativo, além de magoar as pessoas. Quando nos relacionamos com os outros a partir desse patamar de comparação e competição, alguém tem de vencer e alguém, de perder. Isso, naturalmente, cria uma dinâmica negativa que torna a consideração, o reconhecimento do valor alheio e a gratidão difíceis ou até mesmo impossíveis de ser alcançados.

Falta de reconhecimento

Quando o julgamento, a fofoca, a comparação e o espírito de competição podem se tornar formas abertas de negatividade interpessoal, a falta de reconhecimento é mais sutil, mas muito impregnante e provoca um gigantesco impacto.

O Ministério do Trabalho dos Estados Unidos divulgou uma estatística há alguns anos onde apareciam listados os principais motivos de as pessoas nos Estados Unidos decidirem abandonar o emprego. *O motivo mais citado na pesquisa foi a falta de reconhecimento.* Das pessoas que largavam seus empregos, 64% afirmavam que haviam feito aquilo porque não se sentiam reconhecidas ou valorizadas. De acordo com o Instituto Gallup de pesquisas estatísticas, 65% das pessoas nos Estados Unidos afirmam que não recebem elogios ou reconhecimento do seu valor no local de trabalho.

Em nível mais pessoal, a maioria das brigas, discussões e desentendimentos que temos com nossos amigos, colegas e familiares e principalmente com nossos namorados ou namoradas, maridos ou esposas caem em uma questão fundamental: um dos dois, ou ambos, não se sentem valorizados. A falta de reconhecimento é a fonte da maioria dos problemas e questões que enfrentamos em nossos relacionamentos e são também um aspecto-chave na negatividade interpessoal.

Susan, uma cliente minha, me procurou a fim de trabalhar seus relacionamentos com outras pessoas, especificamente o seu marido, Jim. Ela me contou que ao longo dos últimos anos eles pareciam estar se afastando cada vez mais um do outro, e o amor que sentia nos primeiros anos de casada estava acabando. Ela me pareceu triste, apavorada e muito zangada pelo que estava acontecendo, mas não sabia o que fazer.

Susan admitiu que era uma "pessoa muito boa" que evitava confrontos, discussões ou desentendimentos de todo o tipo. Ela e Jim não brigavam e nunca eram abertamente hostis um com o outro. Ele trabalhava muito e, quando não estava trabalhando, passava muito tempo fazendo pequenas tarefas e consertos na casa, levando os filhos para várias atividades e treinando o time de futebol das crianças. Susan reconheceu que embora não estivesse muito feliz com ele, Jim era "uma boa pessoa, um bom marido e um bom pai."

Conforme fomos conversando mais a respeito, ficou claro que Susan não se sentia mais adorada, apreciada ou valorizada por Jim, como acontecera nos primeiros anos do casamento. Na verdade, fazia anos desde que ela se sentira daquele jeito e só recentemente descobrira que era a falta de reconhecimento de Jim que provocava aquele afastamento.

Ao buscar mais fundo, Susan conseguiu ver que ela também deixara de valorizar Jim. Embora, devido à sua personalidade, não o criticasse abertamente com frequência, reconhecia que raramente o elogiava ou expressava o seu amor e o seu reconhecimento de forma declarada. Ela me disse que, pelo fato de não estar mais se sentindo próxima ou empolgada com ele ou com sua relação com o marido, não queria enviar uma mensagem errada e fazê-lo achar que as coisas estavam indo muito bem quando evidentemente não estavam, na sua opinião. Ao longo das nossas sessões, Susan percebeu que estava se segurando e contendo suas demonstrações de reconhecimento.

Susan e Jim não são um caso único. Isso é exatamente o que acontece em muitos relacionamentos. Nós esquecemos — por acidente ou de propósito — de valorizar e reconhecer nossos entes queridos, a pessoa que está conosco, e isso leva ao ressentimento, à desconexão e à dor, para um dos dois ou para ambos. Sempre que a minha esposa, Michelle, fica chateada comigo por alguma coisa, eu sei que por trás da sua frustração, raiva ou tristeza existe o sentimento de falta de reconhecimento do valor dela, de minha parte.

Pense em seus relacionamentos, tanto os que considera "bons" como, e principalmente, os que considera "ruins". Se observá-los com atenção, provavelmente verá que existe uma falta de reconhecimento por sua parte ou por parte da outra pessoa. Você provavelmente vai descobrir que a falta de apreciação e reconhecimento é o verdadeiro problema, e não outra questão qualquer na qual estava focando sua atenção.

Justificando a nossa negatividade com relação aos outros

Nós racionalizamos todos os nossos julgamentos e fofocas e a nossa competição com os outros. A questão sempre são os outros; tudo tem a ver com as outras pessoas. Se elas não fizessem coisas irritantes, não as estaríamos julgando, não acharíamos que estão erradas nem reclamaríamos delas, certo?

Temos obsessão por estarmos certos, a qualquer custo. Alguma vez já esteve em uma briga com alguém e bem no meio da discussão percebeu que a outra pessoa estava com a razão e você estava errado? Sei, por experiência própria, que isso pode ser uma experiência frustrante e humilhante. Muitas vezes eu continuava a discutir mesmo sabendo que estava errado, por simples orgulho, ego ou raiva. Sei que consegue se identificar com essa situação, de um jeito ou de outro.

Às vezes nossas justificativas para sermos tão críticos ou negativos a respeito dos outros são ainda mais "nobres" do que a pura honestidade arrogante. Certa vez fui contratado pelo dono de um grande prédio de apartamentos para prestar consultoria ao administrador que cuidava dos problemas do dia a dia do edifício. O proprietário vinha recebendo muitas reclamações contra Bradley, seu gerente administrativo. Muitos dos empregados e locatários o achavam muito grosseiro, frio e crítico.

Quando Bradley e eu nos encontramos para conversar a respeito da situação, ele me disse: "Não estou aqui para ser amigo de ninguém. Cada pessoa neste prédio recebe pagamento por serviços prestados ou paga aluguel. De um jeito ou de outro, nunca não vão gostar de mim, não importa o que eu faça, então para que perder meu tempo puxando o saco deles ou sendo simpático?"

Era óbvio que, com esse tipo de atitude, Bradley estava entrando em conflito com todos. O interessante é que ele se sentia com razão em relação às suas atitudes e atos, conforme fui notando enquanto ele me contava a respeito dos empregados que haviam feito coisas erradas no prédio e os inquilinos que ele despejara dali por vários e dramáticos motivos, e todos os seus argumentos me pareceram válidos e sensatos. Entretanto, o que Bradley não conseguia ver era que a sua falta de valorização das pessoas e a sua atitude de criticar a todos abertamente estavam, na verdade, contribuindo para criar mais problemas e aumentar a tensão que as pessoas sentiam. Embora ele achasse, com razão, que era prejudicado pelos "maus" empregados e inquilinos, Bradley estava, na verdade, alimentando mais e mais a negatividade reinante, através das suas atitudes e expectativas.

Após alguns meses trabalhando juntos, Bradley começou a ver que a sua atitude em relação às pessoas em torno dele contribuíam para a má situação do prédio. À medida que ele foi capaz de mudar sua abordagem e perspectiva em relação aos outros, as coisas começaram a se modificar de modo positivo.

Como no caso de Bradley, muitos de nós culpamos outras pessoas pelos nossos julgamentos, em vez de assumirmos a responsabilidade por nossas opiniões, enfrentando situações difíceis diretamente e lidando com as pessoas logo de cara, assim que surge algum problema com elas. Achamos que as pessoas devem sempre falar, agir e pensar do mesmo jeito que nós. Quando não o fazem, achamos que nossos julgamentos, fofocas, críticas e negatividade em relação a elas têm fundamento.

O impacto da nossa negatividade

Então, de que modo as nossas obsessões com os problemas, nossos julgamentos, fofocas, comparações, competições, falta de reconhecimento e justificativas afetam nossa vida? Essa é uma pergunta importante para nós mesmos e devemos respondê-la em nossa jornada de crescimento e descobertas. A resposta a essa pergunta varia para cada um de nós.

O importante é ressaltar que a sua negatividade tem um impacto muito grande sobre você, na medida em que se lança nesses padrões de pensamento, sentimento e comportamento. Em outras palavras, quanto mais fizer coisas negativas, mais elas afetarão você e aqueles à sua volta, bem como sua relação com elas.

É muito difícil manter relacionamentos importantes e amorosos com pessoas que julgamos, criticamos e sobre as quais fazemos fofocas o tempo todo. É virtualmente impossível fortalecer e aumentar o poder individual ou inspirar as pessoas se acharmos que elas estão sempre erradas. Martin Luther King tem uma frase muito inspirada em que ele diz: "Não temos poder de persuasão moral de nenhum tipo sobre as pessoas que percebem nosso desdém velado por elas."

É essencial ser sincero consigo mesmo a respeito de sua negatividade interpessoal. Todos temos esse problema, em maior ou menor grau. Quando conseguimos perceber nossa negatividade latente em relação aos outros, falamos a verdade a respeito disso e reconhecemos o impacto que ela tem sobre nós e sobre as pessoas que estão ao nosso redor, podemos então começar a fazer algo para modificar isso.

Sinceridade e disposição para enfrentar nossa própria negatividade nos permitem lidar com ela. Esse é o primeiro passo, o passo essencial que devemos dar para superá-la. Se a nossa negatividade permanecer oculta, em nível inconsciente, ou nos sentirmos plenamente justificados com relação a isso, ela então se tornará muito perigosa e ainda mais danosa. Não se atormente com isso, simplesmente faça uma autoanálise.

Pontos a ponderar em relação à sua negatividade

As seguintes perguntas têm a intenção de tornar essa questão mais real e específica para você e sua vida. Pense a respeito delas ou anote cada uma das perguntas em um caderno, agenda ou pedaço de papel.

1. Qual é o tipo ou quais são os tipos de negatividade (obsessão com problemas, julgamentos, fofocas, comparação, competição ou falta de valorização) que são seus "preferidos"?
2. Qual é o impacto que a sua negatividade tem sobre você e sobre as suas relações?
3. Para quais das suas opiniões negativas você está disposto a dar um "basta" a fim de abrir caminho para outras perspectivas, possivelmente mais positivas?

Se você não tem certeza da resposta para alguma dessas perguntas, eu o incentivo a repeti-las a alguns dos seus amigos mais próximos, familiares, marido, esposa, namorado ou namorada. Se você pedir para que eles sejam absolutamente sinceros, provavelmente obterá respostas específicas e esclarecedoras que lhe ajudarão a ver como a sua própria negatividade interpessoal afeta sua vida, suas relações e cada pessoa em particular.

A cultura da negatividade

Além da nossa obsessão pelos próprios problemas e por nossa negatividade em relação aos outros, devemos também prestar atenção à enorme quantidade de negatividade existente em nossa cultura e seu impacto sobre nós. Embora a negatividade cultural nos pareça estar "do lado de fora", o nosso mundo exterior é apenas um reflexo do interior, como um espelho. Tudo o que acontece a nossa volta provoca um determinado impacto, e tem a ver com a nossa jornada pessoal. Existem muitas formas de a negatividade cultural se manifestar. Vamos examinar alguns exemplos específicos de negatividade e como as mensagens "externas" que ouvimos e vemos em nossa sociedade têm um impacto pessoal sobre nós.

Violência e escândalos

Os noticiários — tanto na televisão quanto no rádio, nos jornais e nas revistas — estão dominados por histórias de violência, escândalos e negatividade. Tais histórias são "sedutoras". Elas vendem jornais, nos atraem para a internet, nos fazem ligar o rádio e a tevê e servem de assunto para conversas. No mundo de hoje, com as estações de notícias vinte e quatro horas no ar pela tevê a cabo, os programas policiais no rádio e os blogs da internet, a competição da mídia e o foco no "choque", na controvérsia e na negatividade parecem mais intensos do que nunca.

O que há de errado no mundo? 67

Pense nas histórias mais importantes dos últimos dez anos, mais ou menos — o julgamento de O. J. Simpson por assassinato, o caso Bill Clinton — Monica Lewinsky e a audiência para decidir o impeachment do presidente, que veio logo em seguida, a eleição presidencial em 2000, o escândalo do uso de esteróides no beisebol, o assassinato de Laci Peterson, o escândalo da Enron, o Onze de Setembro, o furacão Katrina, só para citar alguns. Não estou dizendo que essas histórias não eram importantes o suficiente para serem noticiadas. Entretanto, o excesso de tempo dedicado a elas pela mídia e a natureza insaciável de algumas pessoas por informações a respeito desses fatos foram absurdamente desproporcionais ao seu valor intrínseco e à sua importância na nossa vida.

Aqui estão duas estatísticas fascinantes que exemplificam a obsessão crescente da mídia com a negatividade e a violência. Entre 1990 e 1998, a taxa de assassinatos dos Estados Unidos diminuiu 20%. Durante o mesmo período, o número de reportagens sobre assassinatos nos noticiários das grandes redes de tevê aumentaram 600%.

Quando acontece um terrível acidente, assassinato, sequestro, massacre na escola, briga pública entre celebridades ou qualquer outro ato de violência ou escândalo, a mídia os trata como manchetes.

Existe, obviamente, uma determinada quantidade de fatos legitimamente preocupantes e sobre os quais é importante nos informarmos — uma guerra, um grave problema na economia, um alerta de furacão ou outras notícias ruins que precisamos saber. O resultado geral dessas mensagens negativas, entretanto, é que qualquer pessoa que ligue o rádio e a tevê ou leia o noticiário para saber sobre tais notícias tem a impressão de que o mundo está em constante crise e tudo está terrível em toda a parte.

Enquanto isso, acontecem diversas coisas boas em todo o planeta. Todos os dias as pessoas acordam, vão para o trabalho e dão o melhor de si para serem amáveis, altruístas, leais e dedicadas aos seus entes queridos, familiares, trabalho, amigos e comunidade. Só que, infelizmente, raramente vemos alguma coisa a respeito disso na mídia.

A cultura do medo

Barry Glassner, professor de sociologia na Universidade do Sul da Califórnia e autor do best seller *Cultura do medo*, diz que "nos Estados Unidos os nossos medos são tão exagerados e fora de controle que a ansiedade é o maior problema de saúde do país". Ele ressalta que muitas das coisas que nos ensinam a temer em nossa cultura são, na verdade, infundadas e nem sequer baseadas em estatísticas ou pesquisas verdadeiras.

Glassner acredita que, muitas vezes, somos manipulados por políticos, grupos de manifestantes, marqueteiros, noticiários na mídia e outros exemplos de grupos e pessoas que têm objetivos específicos e muita habilidade para alcançar nossos medos mais primitivos, a fim de conseguir que façamos o que eles querem (votemos neles, apoiemos sua causa, compremos seus produtos ou assistamos aos seus programas de tevê).

Quer você concorde plenamente com a teoria de Glassner, quer não é claro que vivemos em um mundo cheio de mensagens de medo. Pense por um momento a respeito das coisas que somos incentivados a temer — terrorismo, incerteza econômica, violência, doenças, agrotóxicos, aquecimento global, colesterol, carboidratos, crimes, antrax, envelhecimento e motoristas bêbados — só para citar alguns. Se fizermos uma lista, na ponta do lápis, de todas as coisas sobre as quais os nossos amigos, professores, colegas e familiares nos aconselharam a "tomar cuidado", assim como tudo o que lemos, ouvimos e vemos na mídia, ficaremos tontos.

Reclamações constantes
Sabe aquelas pessoas que adoram reclamar de tudo? Pode ser que conheça de perto gente desse tipo. Uma dessas pessoas pode estar sentada na sua cadeira neste exato momento! Muitos de nós curtimos o simples ato de reclamar.

Tem gente que puxa conversa com estranhos na rua e diz algo como: "É mole sermos obrigados a aturar esse tempo horrível? Quando será que essa chuva irritante vai parar?" É socialmente aceitável e até mesmo esperado que as pessoas se identifiquem e tenham pena umas das outras, compartilhando seus problemas, questões e reclamações.

No mundo dos negócios, as reclamações correm à solta. Quando falo em grandes companhias a respeito desse problema, quase todos concordam que existe uma quantidade imensa de reclamações recorrentes na empresa. As pessoas reclamam das suas gerências, dos colegas de trabalho, do excesso de tarefas, dos poucos benefícios sociais que recebem, da pressão que sofrem, dos políticos, de outros departamentos, de clientes, da indústria, da economia — a lista é infindável.

Pense só por alguns instantes em todas as coisas sobre as quais você e aqueles à sua volta reclamam — os preços dos combustíveis, as dificuldades no trânsito, o crime, o clima, a juventude, os políticos, a mídia, o entretenimento, a comida, o estacionamento, as pessoas maleducadas e um monte de outros problemas. Você já reparou que quase todas as coisas sobre as quais reclamamos, na verdade, não melhoram nem um pouco com o tempo? Até mesmo o ato de reclamar, que alguns de nós chamam de "desabafar", quase nunca nos faz sentir melhores; simplesmente contribui para gerar mais reclamações e negatividade. No fim das contas, essas reclamações nos levam ao problema mais grave, que é o ceticismo.

Ceticismo

Alguém já zombou de você pelo fato de parecer feliz demais? Isso aconteceu comigo várias vezes ao longo da vida. Eu sempre achei isso muito estranho. Por que tem gente que costuma fazer piada dos outros por serem felizes demais? Não é exatamente a felicidade que a maioria de nós busca alcançar ao longo da vida?

Muitas vezes ouço as pessoas dizerem, em tom de crítica: "Por que está tão feliz hoje? O que colocaram no seu café?" Parece haver alguma regra não assumida em nossa sociedade que afirma que ninguém pode ser feliz, e se for, deve haver algo errado com essa pessoa. Existem duas citações sobre isso que me vêm à cabeça nesse momento.

No divertidíssimo filme *A princesa prometida*, Westley (o herói) diz ao seu amor, a princesa Buttercup (enquanto ainda está disfarçado como o terrível "Roberts, o pirata" e ela ainda não sabe da sua verdadeira identidade): "A vida é simples, alteza; quem disser o contrário, deve estar querendo vender alguma coisa."

No grande seriado *Cheers*, o personagem Norm, um dos meus preferidos de todos os tempos, tem uma fala que se tornou clássica. Em um dos episódios, ele está entrando no bar que dá título à série, com toda a calma do mundo e cumprimenta todos com o seu habitual "Boa tarde, galera!", ao qual os frequentadores respondem com o costumeiro: "Oi, Norm!". Ao seguir rumo ao seu banco de sempre, junto ao balcão, Woody, o atendente, pergunta: "Como vão as coisas, Sr. Peterson?" E Norm responde, com a sua cara de pau de sempre: "Woody, os cães estão se comendo por aí e minha cueca é feita de ração pra cachorro."

Embora o nosso amigo ficcional Norm tenha dito isso em uma série cômica para nos arrancar boas risadas, essa piada reflete uma atitude e uma perspectiva diante da vida compartilhada por muitos em nossa cultura. Ela fala da natureza cética do nosso pensamento coletivo. Muitas pessoas realmente vivem a sua vida como se houvesse sempre alguém à espreita, pronto para atacá-las.

O ceticismo mata as ideias, o trabalho de equipe, as possibilidades, a esperança e, sem dúvida, o reconhecimento. Ele prejudica os relacionamentos, destrói as organizações e leva a conflitos de todo o tipo. Pense no ceticismo que existe à sua volta — no trabalho, em casa e em toda a parte. Muitas vezes nem reparamos nisso porque tal atitude se tornou lugar comum em nossa cultura.

O ceticismo é produto do nosso foco e da obsessão por tudo o que é negativo. Muita gente acha "legal", "moderno" e até mesmo "sofisticado" ser cético. Organizações, grupos e pessoas abertas, felizes e positivas são muitas vezes encarados como sonhadores, ingênuos, e pouco realistas. Gente que segue a filosofia de *Pollyanna**.

Anúncios negativos
Ao longo das últimas décadas, temos acompanhado o considerável aumento de ataques pessoais em campanhas políticas. Embora muitas pessoas afirmem não gostar disso em campanhas políticas, a verdade é que os candi-

---

* *Pollyanna* é um livro de Eleanor H. Porter cuja personagem principal (Pollyanna Whiltier) é uma órfã que aprendeu com o pai a sempre ver o lado bom das coisas. *(N.da.E)*

datos continuam a usar essa arma porque ela funciona — ou, pelo menos, isso é o que dizem os "marqueteiros de campanha".

Se observarmos outras formas de propaganda, perceberemos que não são apenas os políticos que usam coisas desagradáveis em suas campanhas para derrubar os concorrentes e vender a si próprios. Medo, dor e negatividade são utilizados todos os dias por publicitários que querem nos vender uma variedade de produtos. Somos bombardeados por imagens e mensagens que nos dizem o que está errado conosco, as coisas contra as quais devemos nos precaver, e que se não comprarmos determinado produto estaremos condenados. Esses anúncios muitas vezes denigrem os concorrentes e diminuem os seus produtos, que são basicamente iguais ao que estão sendo anunciados.

Se você assistir à tevê por um dia inteiro ou folhear algumas revistas de vez em quando, perceberá que existem anúncios contra a queda de cabelos, soluções para branqueamento de dentes, pílulas para perder peso, medicamentos contra depressão, máquinas para malhar, maquiagem, produtos para cuidar da pele e muitas outras coisas. Todos esses anúncios focam diretamente nos nossos medos e inseguranças. Isso funciona. Todos já fomos influenciados por tais anúncios, já compramos alguns desses produtos (quer precisássemos, quer não) ou, pelo menos, já sentimos uma sensação negativa a respeito de nós mesmos ou na vida em geral ao vê-los.

O jogo de culpar os outros

Vivemos em uma cultura cheia de culpa. Existem exemplos disso em toda a parte. O número dos processos continua aumentando. As pessoas se processam a torto e a direito. Os democratas culpam os republicanos; os republicanos culpam os democratas. Os ambientalistas culpam as grandes indústrias; as grandes empresas culpam os ativistas ambientais. Os trabalhadores culpam a administração; a administração culpa os trabalhadores. Os homens culpam as mulheres; as mulheres culpam os homens. Os filhos (de todas as idades) culpam seus pais e os pais culpam os filhos. A coisa vai longe...

Um triste exemplo do jogo de culpa aconteceu nos dias que se seguiram ao furacão Katrina. O Katrina foi descrito por muitos como o pior e mais devastador desastre natural da história dos Estados Unidos. Milhares de vidas foram perdidas e houve prejuízos na faixa dos bilhões de dólares. Para a maioria de nós, que estávamos em casa assistindo ao desenrolar dos eventos, os dias que vieram depois pareceram apavorantes, tristes e difíceis de testemunhar. As pessoas desalojadas pelo furacão, especialmente as que moravam em Nova Orleans, se viram abandonadas, sem comida, sem água, sem abrigo e sem auxílio. Diversas pessoas nos noticiários, bem como manifestantes acirrados, políticos e líderes comunitários começaram imediatamente a cobrar apoio e criticar de forma áspera os governos — municipal, estadual e federal — pela demora no auxílio às vítimas.

De acordo com todos os relatos, a resposta foi muito lenta e o esforço conjunto não foi bem planejado nem bem executado. Apesar disso, à medida que a poeira (e as águas) começavam a baixar, ficou claro que ninguém ia assumir a responsabilidade pelo que havia acontecido. O prefeito culpava o presidente; o presidente culpava o prefeito e o governador do estado; os políticos em geral apontavam dedos acusadores para os outros políticos, para agências governamentais e até mesmo para os cidadãos que não evacuaram os locais com rapidez nem seguiram as recomendações divulgadas antes da tragédia. Em tudo e por tudo, uma situação já trágica tornou-se ainda pior pelo fato de nenhum dos líderes envolvidos estar disposto a admitir qualquer erro ou assumir a responsabilidade pelo que aconteceu.

Quer sejamos políticos, executivos, celebridades, atletas profissionais, quer simplesmente pessoas comuns, somos incentivados, ensinados e treinados pela sociedade (direta ou indiretamente) para negar, culpar e apontar o dedo na direção dos outros, a fim de culpá-los; parece haver outra regra não assumida na nossa cultura que afirma: "Não aceite a responsabilidade, a não ser que você seja apanhado ou não tenha outro jeito." Esse jogo de culpar os outros está em toda a parte e tem um custo elevado.

O motivo mais pessoal para esse jogo de pôr a culpa nos outros é que é sempre mais fácil culpar outras pessoas, ou a sociedade e o mundo, do que chamar para si a responsabilidade pela própria vida e pela própria felicidade.

O impacto da cultura da negatividade

Então, de que modo toda essa negatividade cultural afeta as pessoas? A resposta não é simples nem fácil, e é diferente para cada um. Todos sentem esse impacto de várias maneiras:

- Alguns de nós não aguentam o local de trabalho porque ele é muito crítico e negativo;
- Sentem-se massacrados e até mesmo paralisados pela violência do mundo;
- Lutam para superar obstáculos pessoais injustos que impedem a nossa felicidade e realização;
- Sentem-se prisioneiros por todas as imagens negativas, pelo medo e pelo ceticismo que vivenciamos todos os dias;
- Permitem que a negatividade que existe ao redor nos coloque para baixo e nos impeça de expressar o nosso amor aos outros, o reconhecimento do próprio valor e a nossa gratidão pela vida.

Ao mesmo tempo, existem algumas pessoas que não permitem que toda essa negatividade as atinja. Geralmente elas fizeram o trabalho interno necessário para obter uma visão genuinamente positiva da vida, ou simplesmente escolheram negar o bombardeio de negatividade que atinge nosso mundo.

Tomara que você esteja percebendo quanto essa atitude de negativismo impregna a nossa cultura. Entretanto, não partilho tais exemplos com os leitores como uma forma de preocupá-los ou assustá-los, nem de aumentar o total das reclamações e culpas já existentes em nossa cultura. Menciono esses assuntos apenas para ressaltar o fato de que essa cultura de negatividade existe. Devemos reconhecer e enfrentar todas essas questões de forma eficiente, se quisermos levar uma vida de reconhecimento. Devemos focar nossa atenção de forma determinada nas coisas boas. Tudo o que vemos, ouvimos e trazemos para dentro de nós, em nível cultural — tanto o que é positivo quanto o que é negativo — tem um impacto profundo em cada um.

Questões a ponderar a respeito de negatividade cultural

À medida que passarmos ao Capítulo II e, em seguida, aos cinco princípios do reconhecimento, comece a prestar mais atenção a toda mídia negativa, ao jogo de culpa pessoal e aos outros elementos sombrios com os quais é bombardeado em casa e no trabalho. Pergunte a si mesmo se toda essa negatividade o afeta de algum modo, em nível pessoal. As perguntas que se seguem, assim como as que foram feitas no início deste capítulo, servirão para você refletir sobre elas ou respondê-las, como uma forma de tornar a questão da negatividade cultural mais real e específica para você e para a sua vida:

1. Qual o tipo de negatividade cultural ao qual você está mais atento no seu dia a dia?
2. Como a negatividade se manifesta nos ambientes em que vive e trabalha? Dê a eles uma nota de 1 a 10, sendo 10 o mais alto nível de negatividade.

   Em casa
   No trabalho
   Na escola
   Em relacionamentos íntimos
   Outros

3. Durante quanto tempo por dia, em termos percentuais, você se dedica a atividades ou conversas que estão focadas nos aspectos negativos da nossa cultura e sociedade? (por exemplo: buscar informações na internet, assistir aos noticiários, ler os jornais, ouvir rádio ou reclamar com os outros)

Ao refletir sobre as respostas a essas perguntas, você conseguirá enxergar com clareza o impacto que a negatividade cultural tem sobre a sua visão do mundo, dos outros e o quanto ela influencia a sua relação consigo mesmo. Compreender por inteiro a natureza impregnante dessa negatividade cultural é um passo essencial para se tornar capaz de ir além de tudo isso, conseguir verdadeiramente focar a atenção nas coisas boas e viver uma vida de reconhecimento e gratidão.

2

O que há de errado comigo?

Agora que começamos a compreender o impacto da nossa negatividade em relação aos outros e a perceber a força da negatividade que existe na nossa sociedade e na nossa cultura, vamos voltar a atenção à negatividade mais danosa e pessoal que apontamos contra nós mesmos: a autocrítica.

Esse é um tópico com o qual muitos acham difícil lidar, mas é essencial avaliá-lo de forma sincera, se desejarmos levar uma vida de reconhecimento, gratidão e quisermos ser capazes de focar nas coisas positivas de forma genuína. A pergunta fundamental é: o que torna difícil ou desafiador para cada um de nós trazer a gratidão para as nossas vidas, reconhecer o valor dos outros e, mais especificamente, apreciar o nosso próprio valor?

A resposta a essa pergunta tem vários níveis e é diferente de pessoa para pessoa. Sua resposta evidencia seu tipo específico de negatividade. Para a maioria de nós, porém, o fato de sermos demasiadamente críticos com nós mesmos e focarmos muita da nossa atenção nas fraquezas que percebemos, desempenha um papel fundamental em nossa incapacidade de apreciar nós mesmos e nossa vida.

Neste capítulo, vamos olhar com sinceridade para o fenômeno da autocrítica, para as suas manifestações em nossas vidas e para o impacto negativo que ela exerce em nós. Enfrentar com sinceridade a nossa autocrítica é o que nos dará acesso ao verdadeiro amor pessoal e o reconhecimento do nosso próprio valor.

Negatividade em relação a nós mesmos

Embora, obviamente, tanto o ambiente cultural no qual vivemos quanto a forma com que os outros interagem conosco possam desempenhar um impacto significativo em nossa experiência e em nosso nível de negatividade, o fato é que somos a fonte de toda essa negatividade.

Cada um de nós é o autor do *roteiro* de sua própria vida. Podemos até discordar de tal afirmação, num primeiro momento, mas em algum nível sabemos que essa é a pura verdade. Se você pegou este livro para ler, quer esteja, quer não no caminho do crescimento pessoal, é porque sabe, acredita, ou pelo menos deseja acreditar, que a realidade pessoal é criada por cada um de nós.

Se você refletir com carinho sobre essa ideia, será mais fácil compreender o porquê de essa falta de reconhecimento e da intensa negatividade que vemos no mundo e expressamos a respeito dos outros representarem, na verdade, uma falta de reconhecimento de valor e uma negatividade em relação a nós mesmos.

Sendo assim, vamos dar uma boa olhada em algumas das formas e motivos específicos de como e por que somos cruéis e negativos em relação a nós mesmos. Compreender o problema e lidar com ele de forma completa, ao mesmo tempo que analisamos a negatividade cultural e interpessoal que existe, nos dará uma percepção importante e um pano de fundo para o nosso processo de criar uma vida cheia de gratidão e reconhecimento. Precisamos olhar primeiro para a nossa escuridão para depois podermos enxergar a luz.

Somos muito duros com nós mesmos
Pense em alguns dos pensamentos negativos, críticos e claramente cruéis que tem a respeito de si mesmo. A maioria de nós jamais contaria a outro ser humano, nem em um milhão de anos, algumas das coisas que pensamos sobre nós mesmos. Se alguém falasse conosco desse jeito, não só detestaríamos essa pessoa como possivelmente brigaríamos com ela ou, quem sabe, até a agrediríamos fisicamente.

Em meus anos de faculdade e como jogador de beisebol profissional, aprendi muitas coisas. Uma das coisas que aprendi quase tão bem quanto qualquer um dos meus companheiros foi como me massacrar por dentro. Eu me tornei um verdadeiro mestre, assim como muitos dos meus colegas de equipe, na arte de ser duro comigo mesmo e nunca me mostrar satisfeito.

Esses foram traços que aprendi, direta ou indiretamente, com as pessoas que estavam ao meu redor. Ensinaram-me que se eu fosse duro comigo mesmo e nunca me mostrasse "complacente" eu alcançaria o sucesso no beisebol e na vida. Querem saber da verdade? Isso era papo furado, mas eu acreditei, como acontece com a maioria. Somos muito exigentes conosco, e temos obsessão por descobrir nossas fraquezas o tempo todo.

A seguir, apresento um exercício rápido e poderoso que muitas vezes utilizo nas minhas oficinas de reconhecimento pessoal. Se você está disposto a ser honesto e quer realizar essa prática simples, vai obter alguma percepção sobre como a sua mente funciona e para onde deve direcionar sua atenção.

★ EXERCÍCIO
Verificação de reconhecimento

Parte 1
Pegue uma folha de papel ou uma agenda e divida em duas colunas. No alto da folha, escreva "Coisas que preci-

so trabalhar em mim / Problemas na minha vida". Em seguida, tire alguns minutos e liste, com toda a sinceridade, quantas dessas coisas lhe vêm à cabeça e se encaixam em uma dessas duas categorias. Quando acabar essa primeira parte, volte ao livro para realizar a Parte 2.

Parte 2
Use o verso da folha de papel ou escreva na página seguinte da agenda. Divida a folha em duas colunas e escreva no alto da folha "Coisas nas quais eu sou muito bom / Coisas maravilhosas sobre mim e minha vida". Depois, repita tudo: tire alguns minutos e liste com toda a sinceridade quantas dessas coisas lhe vêm à cabeça e se encaixam em uma dessas duas categorias. Ao acabar a segunda parte, volte ao livro para fazer a parte 3.

Parte 3
O que achou dessa atividade? Qual das duas listas foi mais fácil de montar? Qual tem mais itens? Se você for como a maioria das pessoas com as quais trabalho, a primeira lista foi muito mais fácil da fazer, e também é a mais longa — considerando que tenha o mesmo tempo para preparar ambas.

Embora não exista jeito certo ou errado para fazer esse exercício, normalmente é muito esclarecedor e informativo para nós mesmos o ato de fazer um inventário dos pensamentos, sentimentos e opiniões que temos a respeito de nós e de nossa vida. Lembre-se disso e guarde essas listas. Daqui a alguns capítulos nós vamos fazer alguns exercícios de reconhecimento e vai ser interessante comparar se algo mudou para você com relação a si mesmo, à sua vida e às coisas que aprecia e valoriza.

Por que somos tão duros com nós mesmos e onde aprendemos a agir dessa forma? A maioria de nós aprendeu com os pais, irmãos, amigos ou com a própria cultura à nossa volta. Conforme discutimos no Capítulo I, há muita energia negativa e muitas críticas em torno de nós. Em muitos casos, tivemos alguma experiência negativa quando éramos crianças, "aprendemos" a ser cuidadosos e passamos a nos preocupar em não cometer erros e a nos criticar antes de os outros terem a chance de fazê-lo.

A maioria das pessoas que encontro e com as quais trabalho admitem que elas mesmas são os seus mais ferozes críticos. Ser tão críticos e duros conosco torna muito difícil perceber as coisas boas que fazemos todos os dias. Esse comportamento exacerbadamente crítico também nos impede a ligação com outras pessoas e a criação de sucesso para nós mesmos.

Para mim, o excesso de conscientização a respeito do meu corpo e da minha aparência, por exemplo, tem sido, ao longo da vida, fonte de muita dor, infelicidade e insegurança. Quando era adolescente, cresci vinte e cinco centímetros, fiquei com o rosto coberto de acne e precisei usar aparelho nos dentes — tudo isso no mesmo ano. Olhava no espelho e só conseguia ver um cara estranho, alto, desengonçado, com a cara toda marcada e usando aparelho.

Até hoje ainda há momentos em que me olho no espelho ou vejo uma foto antiga e me sinto como aquele garoto esquisito de 14 anos que se sentia feio, bobalhão e impossível de ser amado. Esse é um exemplo real de quanto posso ser duro comigo mesmo. De que formas específicas você é duro consigo mesmo?

O perfeccionismo pode ser perigoso

O termo *perfeccionista* aparece frequentemente em diversos contextos. Tem muita gente que sabe que é perfeccionista — para o bem ou para o mal. Existe muita gente que se sente orgulhosa e empolgada por ser perfeccionista.

O perfeccionismo, porém, pode ser muito perigoso. Quando lutamos para alcançar a perfeição, quase sempre falhamos, e isso nos leva à decepção, nossa e dos outros, além de trazer estresse e pressões desnecessárias. Em algum nível, todos sabem que são falhos, que cometem erros e muitas vezes ouvem ou dizem "Ninguém é perfeito". Sabemos disso, mas muitos de nós possuímos tendências tão perfeccionistas que não importa se nos consideramos perfeccionistas ou não.

Imagine que ao longo de um único dia você receba um monte de elogios e uma única crítica. Do que provavelmente vai lembrar e comentar com os outros? A crítica, certo? Ficamos loucos com isso.

Um bom exemplo disso aconteceu comigo bem no início da minha carreira como palestrante. Em março de 2001, fiz a minha primeira palestra motivacional. Fui contratado pela Sutter Health, uma companhia ligada à área de saúde que me avisou em curtíssimo prazo sobre a palestra de uma hora e meia que eu teria de fazer no encerramento de um encontro de gerentes em um dos hospitais da empresa. Fiquei muito empolgado, mas também muito nervoso, porque teria menos de uma semana para preparar a apresentação. Eu nunca dera uma palestra antes e estaria diante de um grupo de 150 administradores hospitalares sobre os quais conhecia muito pouco.

Quando cheguei ao local, meu medo aumentou. Eu tinha 27 anos na época; a pessoa mais nova da plateia, depois de mim, tinha pelo menos quarenta. Eu subi ao palco e fiquei ali, me sentindo um garoto. Dava para perceber lá de cima alguns olhares céticos de muitas pessoas, enquanto aguardavam que eu começasse a falar. Juro que eles deviam estar pensando: "Quem é esse jovem e o que ele poderia nos ensinar?" Ao abrir a boca para falar a primeira linha do discurso que preparara eu estava completamente apavorado e o meu coração batia tão forte que eu literalmente não ouvia o que eu mesmo dizia.

Comecei com uma história, passei para algo um pouco mais interativo e consegui até arrancar algumas risadas. De repente, percebi que tudo estava correndo bem e comecei a me divertir. Antes de perceber, os noventa minutos haviam passado, minha palestra acabara e eu conseguira sobreviver.

Poucos minutos antes de acabar, lembro-me de pensar: "Puxa, consegui convencê-los! Acho que ninguém nessa sala faz ideia de que eu nunca tinha feito isso antes."

Tenham ou não se convencido da minha mensagem, o fato é que a minha palestra foi bem recebida. Fiquei muito orgulhoso de mim mesmo por ter conseguido isso. Estava recolhendo as minhas coisas, conversando com algumas pessoas e recebendo elogios de gente da plateia quando um homem chegou perto de mim e disse que precisava falar comigo quando eu acabasse.

Quando a sala estava quase vazia, esse homem disse que havia gostado muito da minha palestra e achou que eu fizera um grande trabalho, mas perguntou se poderia me dar uma "dica" a respeito de um detalhe.

— Claro — disse eu. — Pode falar.

— Mike, provavelmente você nem percebeu, mas várias vezes ao longo da sua apresentação, passou os dedos pelo queixo e coçou o cavanhaque. A princípio achei que estava fazendo isso de propósito, mas continuou acontecendo tantas vezes que eu percebi que devia ser uma espécie de tique nervoso. Não foi nada de mais, só que aquilo começou a me distrair do que estava dizendo, então eu pensei em vir comentar isso com você.

Ouvi com atenção tudo o que ele disse e agradeci, de coração, pelo seu feedback sincero. Avaliando agora, talvez fosse melhor eu ter dito "não" quando ele me perguntou se podia me dar uma "dica".

Você sabe o que foi que pensei durante todo o trajeto para casa, desde que saí de Sacramento? Isso mesmo, acertou! Pensei no "toque" do cara. Não conseguia parar de pensar naquilo. Pensava: "Aquelas pessoas devem estar me odiando. Todo o mundo deve estar voltando para casa a essa hora e pensando: 'Aquele cara esquisito que não parava de passar a mão pela barba foi muito irritante; ele nunca vai conseguir ser um bom palestrante motivacional se continuar desse jeito'."

Ali estava eu, saindo de um evento bem-sucedido, o meu primeiro passo na carreira de palestrante motivacional, tendo me dirigido a um grupo grande de uma companhia importante e ganhando um bom dinheiro para isso. Por qualquer ângulo que se analise, aquela foi uma grande vitória, mas eu só conseguia pensar no fato de que coçara demais a barba.

Se você é perfeccionista e sabe disso, "pegue leve" com você e compreenda que isso não é motivo de orgulho. Se tem tendências perfeccionistas, como acontece com a maioria de nós, esteja sempre alerta, a fim de perceber quando elas aparecerem. Essas tendências podem trazer muita dor, sofrimento e autocrítica destrutiva.

Todos nós temos um Gremlin
Você se lembra do filme *Gremlins*, lançado nos anos 1980? Era sobre uns bichinhos fofos, peludinhos e chamados Mogwais, que quando eram alimentados depois da

meia-noite se transformavam em monstrinhos verdes muito desagradáveis chamados Gremlins. Eles conseguiam se multiplicar, formar um pequeno exército e aterrorizar a pequena cidade do filme. Mesmo que não tenha visto o filme, provavelmente tem alguma noção sobre como é um Gremlin, certo?

Todos temos o nosso Gremlin. Pode ser que você tenha ouvido falar dele por outro nome: crítico interior, mente reativa, nêmesis, sabotador, ego negativo ou algo assim. Trata-se de um fenômeno psicológico relacionado com os pensamentos negativos e críticos que regularmente temos a nosso respeito.

Durante o curso que fiz no CTI (um instituto que forma orientadores de capacitação), eles usavam o termo "Gremlin" para descrever esse fenômeno, e o nome pareceu encaixar perfeitamente. Desde então, sempre cito o nosso Gremlin no meu trabalho.

Muitos de nós estamos muito familiarizados com o nosso Gremlin. Ele é um companheiro constante e conhecemos a sua "voz" sempre que a ouvimos em nossa cabeça. Alguns de nós, porém, não estão muito familiarizados com ele. Imaginamos que as palavras que põe em nossa cabeça são nossas, e que os pensamentos e ideias negativas que vêm do nosso Gremlin são sempre verdadeiros. Existem dois pontos importantes a analisar aqui: primeiro, precisamos reconhecer que temos um Gremlin; segundo, é fundamental criarmos uma espécie de relação com ele, para que deixe de conduzir a nossa vida.

Se você quiser se colocar frente a frente com o seu Gremlin e ouvir o que ele fala e pensa, poderá ativá-lo de forma muito intensa tentando uma dessas opções:

- Fique em pé e fale publicamente diante de um grupo imenso de pessoas que nunca tenha visto antes.
- Tire toda a roupa, acenda as luzes do quarto e se coloque diante de um espelho daqueles de corpo inteiro.
- Pegue uma fotografia de você mesmo tirada há vários anos e coloque-a ao lado de uma recente.
- Levante-se e cante em um bar de karaokê sem se preparar, nem ensaiar antes.
- Da próxima vez que o seu chefe pedir voluntários para alguma coisa, levante a mão antes mesmo de pensar sobre o que ele pode estar querendo que faça.

Lançar-se em qualquer uma das atividades acima ou simplesmente pensar em fazer uma dessas coisas já faz você ouvir a vozinha do Gremlin dentro da cabeça, não faz?

Quando eu comecei a trabalhar com clientes, prestando consultoria, sempre falava com eles a respeito do Gremlin pessoal, e avisava logo que ele iria aparecer em nossas sessões. Para a maior parte das pessoas, ele é a vozinha que diz: "Não consigo fazer tal coisa" ou "Não sou bom nisso".

Zack, um antigo cliente, era muito talentoso, mas exigia demais de si. Muitas vezes, em nossas primeiras ses-

O que há de errado comigo?

sões, eu me via perguntando a ele: "Zack, estou conversando com você ou com o seu Gremlin?" A situação ficou tão séria que tivemos que batizar o Gremlin de Zack. Para tornar as coisas mais fáceis, nos referíamos a ele como *Jack*. Tudo o que eu tinha de fazer era perguntar: "Quem disse isso, Zack ou *Jack*?"

Zack começou a notar que o seu Gremlin sempre interpunha no caminho do seu sucesso e felicidade. Quanto mais Zack percebia quanto poder estava dando a *Jack*, mais conseguia ver o porquê de não criar o tipo de vida que verdadeiramente desejava.

A maioria das pessoas entrega seu poder e, em última análise, a própria vida ao Gremlin. O Gremlin que existe dentro de cada pessoa não está interessado no seu sucesso nem na sua felicidade. Ele só quer a própria sobrevivência. Um dos meus primeiros mentores uma vez me disse: "Mike, você está vivendo como se tentasse sobreviver à própria vida. Lembre-se de que ninguém conseguiu fazer isso." Foi uma grande forma de me fazer lembrar disso!

Ao ler esta seção, tenho certeza de que consegue ver o impacto negativo que o seu Gremlin tem na sua vida, na sua autoestima, nos seus objetivos, no seu sucesso e no seu senso de reconhecimento pessoal. Seu Gremlin não deseja reconhecer o seu valor. Ele se alimenta da sua autocrítica, da autossabotagem e das suas exigências de perfeição.

Não reconhecemos nosso próprio valor

Existem muitos motivos para não reconhecermos nosso próprio valor; essa falha surge em nossa vida sob as formas mais sutis. Quando pergunto às plateias que assistem às minhas palestras ou aos meus clientes de que maneira reconhecem o próprio valor de um modo legítimo, ouço um monte de respostas interessantes. Quase todas as pessoas admitem que não são muito boas nessa história mas, pelo menos, sabem que poderiam melhorar. Quando lhes pergunto se é difícil reconhecer o próprio valor, aqui estão algumas das respostas mais comuns que recebo:

- Não sei exatamente como fazer isso.
- Vou parecer arrogante e vão achar que estou contando vantagens.
- Fico tão focado no que precisa ser feito ou me preocupo tanto com as coisas nas quais não sou bom que acabo não percebendo o lado positivo do meu desempenho.
- Não quero parecer preguiçoso nem complacente.
- Nunca fui incentivado a me valorizar.
- Sinto-me pouco à vontade fazendo isso.

Os motivos mais comuns para a não valorização de si têm a ver com não querer parecer arrogante, insolente, se sentir desconfortável, não ter tempo ou não saber como fazê-lo.

Um exemplo comum de como nos sentimos pouco à vontade com o reconhecimento do próprio valor é quando recebemos elogios. Vejo isso o tempo todo. Muito do trabalho que desenvolvo com indivíduos e grupos diz respeito à apreciação e ao reconhecimento. Fico surpreso ao ver quanto muitas pessoas se mostram absolutamente sem graça quando alguém reconhece com sinceridade o seu valor.

Na maior parte das vezes, ao receberem um elogio, principalmente em público, as pessoas fazem ou dizem algo para rechaçar a expressão de reconhecimento. Preste atenção no que sai da sua boca depois que alguém o elogia — muitas vezes é totalmente esquisito ou insincero.

Essas respostas estranhas assumem diferentes formas — você pode diminuir o elogio por meio de uma piadinha autodepreciativa, ressaltar algum erro ou engano, ou discordar do elogio de algum outro modo.

Por exemplo, uma cliente minha de nome Sandy fez uma apresentação no trabalho e, quando ela acabou, seu colega Frank foi até onde ela estava e disse:

— Sandy, foi uma grande apresentação. Muito boa! Gostei muito dos slides que mostrou e do jeito que ressaltou pontos importantes; todo o mundo que assistiu a ela prestou atenção.

— Pois é — replicou ela. — Só que eu esqueci um monte de outras coisas que ainda havia para dizer, falei depressa demais, atropelando as palavras e acabei pulando dois slides muito importantes. — Frank ficou desconcertado ao receber uma reação como essa aos seus elogios, e isso criou um clima estranho entre eles por um momento.

Outra coisa que as pessoas fazem o tempo todo é retribuir o elogio, de forma pouco sincera, à pessoa que as elogiou. Elas fazem isso até com coisas simples. Jackie diz a Francine que gostou do seu novo penteado e Francine rebate: "Obrigada, Jackie; seu novo penteado também ficou lindo", quando, na verdade, Jackie não mexia no cabelo havia anos.

A verdade é que com todos esses pensamentos negativos girando em nossas cabeças, nossas ridículas exigências de perfeição e o nosso Gremlin mandando em tudo o tempo todo, fica difícil aceitar os reconhecimentos positivos de outras pessoas. Nossa incapacidade de lidar com elogios de forma confortável é um sintoma claro disso. Na verdade, aposto que as estatísticas do Instituto Gallup que citei algumas páginas atrás (a de que 65% dos americanos afirmam não receber nenhum elogio ou reconhecimento no trabalho) são, na verdade, um pouco inexatas. Certamente os números das pesquisas são muito precisos, mas aposto que muitas das pessoas entrevistadas na verdade recebem elogios, sim, mas devido à sua falta de autorreconhecimento, não conseguem ouvir ou deixar assentar em sua mente os elogios que recebem. (No Capítulo VII, vou falar sobre como devemos aceitar elogios.)

Projetamos nossa própria negatividade sobre os outros

Mais um exemplo da nossa falta de autorreconhecimento são as nossas projeções negativas sobre os outros. Isso se liga à nossa negatividade em relação às outras pessoas, mas na verdade é uma função da nossa autocrítica. Vemos coisas negativas nas outras pessoas devido ao jeito que nos sentimos em relação a nós mesmos.

A projeção, um fenômeno psicológico reconhecido e explicado originalmente por Sigmund Freud, tem a ver com enxergar nos outros a negatividade que, na verdade, possuímos (ou tememos possuir) dentro de nós mesmos. De acordo com Freud, "as pessoas atribuem suas próprias características indesejáveis aos outros. Um indivíduo que inconscientemente percebe em si mesmo tendências agressivas pode ver outras pessoas agindo de forma excessivamente agressiva." Em outras palavras, projetamos em outras pessoas o jeito que *nós*, e não elas, estamos nos sentindo e nos comportando.

Uma das minhas clientes, Betty, costumava falar de sua mãe o tempo todo. Contava quanto ela era irritante, reclamava de ela ser tão controladora e confessava que não suportava ficar muito tempo em sua companhia. Um dia eu lhe perguntei:

— Você se acha igual à sua mãe, em algum aspecto?

— Não sou igual a ela em nada, nadinha! — Betty pareceu ter ficado irritada comigo.

Ela se mostrou zangada e absolutamente certa a respeito daquilo, normalmente um sinal revelador que de algum tipo de projeção está em curso. No fim da nossa sessão, desafiei Betty a refletir ao longo da semana seguinte a respeito da sua mãe e de quaisquer qualidades que pudessem ter em comum.

Na sessão seguinte, Betty me contou que nem ao menos pensara no desafio que eu lhe propusera durante os primeiros dias. Estava muito irritada e chateada por eu ter lhe perguntado aquilo, para início de conversa. Na véspera da nossa sessão, porém, reparou que estava sendo muito controladora no trabalho e parou na mesma hora, assombrada. Betty percebeu que estava sendo exatamente igual à sua mãe naquele momento. Correu para o banheiro em lágrimas. Ao ficar lá sentada, chorando, percebeu que todas as coisas que não suportava em sua mãe eram, na verdade, características que ela também possuía ou estava tentando superar.

Projetamos as nossas qualidades ou tendências negativas nos outros o tempo todo. Essa ação de acobertamento é muito traiçoeira e potencialmente danosa, pois na maior parte das vezes não sabemos o que estamos fazendo. Muitas vezes ficamos cegos ao fato de que projetamos nossa própria insatisfação, decepção e fraqueza nos outros.

Não honramos nem expressamos nossas verdadeiras emoções

Outro dos motivos mais complexos pelos quais temos tendência a ser negativos em relação a nós mesmos (bem como aos outros em geral) é que não honramos nem expressamos nossas verdadeiras emoções. Vivemos em uma cultura que não incentiva a expressão apaixonada de muitas emoções, em especial, aquelas que são consideradas "más" — medo, tristeza, mágoa, vergonha ou culpa. Empolgação, alegria, amor, felicidade e gratidão estão liberadas, mas muitas vezes elas vêm envoltas em ceticismo (conforme já discutimos), e até mesmo essas tais emoções "boas" devem ser expressas de forma "apropriada" ou por motivos "adequados."

Muitas pessoas são repreendidas de algum modo, direta ou indiretamente, por expressar suas emoções de forma passional quando são jovens. Elas crescem com a ideia de que ser emocionalmente expressivo é uma coisa ruim e pode acarretar problemas, além de não ser socialmente aceitável.

Quando eu estava na faculdade, passei por uma crise de depressão. Não sabia o que havia de errado comigo. Nunca tinha me sentido tão mal. Todos os aspectos da minha vida me pareciam sombrios, embora externamente ela parecesse boa. Eu estava indo bem na faculdade, era um dos jogadores mais importantes do time de beisebol de Stanford, estudava em uma das melhores universidades do país, tinha uma namorada de quem realmente gostava, além de amigos fantásticos e familiares para os quais eu era importante. Por que me sentia tão mal?

Poucos meses antes, no Ano-Novo, alguns amigos meus se meteram em uma briga. Eu pulei no meio deles para apartá-los. Levei um soco no olho e desenvolvi um quadro conhecido como fratura de parede de órbita. Eu não conseguia enxergar direito, desenvolvi visão dupla e talvez precisasse passar por uma cirurgia para corrigir o problema. Tudo isso aconteceu pouco antes do início da minha primeira temporada de beisebol em Stanford. Era um ano muito importante para mim, pois eu planejava jogar muito bem a fim de garantir uma convocação para a seleção universitária, em junho.

A lesão me apavorou e deu início a reações de negatividade em cadeia que me colocaram para baixo e desenvolveram uma crise de depressão. Eu não fazia ideia do que estava acontecendo. Tudo o que sabia é que não sentia nem vontade de sair da cama de manhã, e sempre que me lembrava de mim mesmo e da minha vida eu me sentia apavorado, confuso, envergonhado e triste.

Conhecia muito bem os problemas de uma depressão e as suas implicações potencialmente devastadoras. Meu pai recebera um diagnóstico de transtorno bipolar quando tinha vinte e poucos anos e lutou contra a depressão durante muitas décadas. Ao longo de toda a minha vida, a depressão de meu pai foi uma fonte de dor e sofrimento para ele e para todos os que o conheciam. Por fim, foi a depressão que pôs fim ao seu casamento com sua primeira esposa e, depois, com a minha mãe. Enquanto eu crescia, fiz questão de convencer a mim mesmo que nunca iria me permitir cair em depressão. Infelizmente eu estava errado, e aos 20 eu me sentia tão deprimido que pensei seriamente em acabar com a vida.

Felizmente eu encontrei um grande terapeuta, Chris, que conseguiu trabalhar o meu problema, me ensinou algumas coisas a respeito de mim mesmo e da vida, me apresentou conceitos espirituais e técnicas de cura que me trouxeram esperança, liberdade e poder. Ele salvou a minha vida. Passei vários meses em terapia intensa com Chris e com outras pessoas antes de conseguir sair da depressão. Minha lesão do olho se curou, mas o mais importante foi o meu coração e a minha alma terem se curado também.

Apesar desse período de minha vida ter sido assustador, difícil e doloroso, ele também me proporcionou iluminação em vários níveis, e de forma incrível. No meu caso, a depressão tinha relação com a incapacidade de sentir e expressar as minhas emoções do que com qualquer outra coisa. Chris me ajudou a perceber que eu acumulava vergonha, medo, revolta, raiva, culpa e tristeza dentro de mim. Aquilo nada tinha a ver com a lesão no olho nem com qualquer outro fator externo, mas com as emoções que eu reprimia e como eu me sentia em relação a mim mesmo.

Ele me ensinou que esses sentimentos não são "maus" por definição. Foi a minha incapacidade de reconhecer as verdadeiras emoções, senti-las e expressá-las que provocou minha dor, não as emoções em si, não a minha lesão no olho, ou nenhuma outra circunstância. Eu as estava usando, erroneamente, como explicação para a minha depressão.

A maioria das pessoas que se recuperou do vício em drogas será capaz de explicar que o motivo de terem começado e continuado a abusar do uso da substância que as viciou foi alguma emoção específica, ou emoções que temiam ou com as quais não conseguiram lidar de forma eficiente. Elas também lhe dirão que embora largar as drogas tenha sido o primeiro passo para a sua cura e o seu processo de crescimento pessoal, esse não foi nem de longe o passo mais importante. Até elas terem conseguido lidar com as questões, as emoções ocultas sob a superfície, que as levaram ao consumo de drogas, não conseguiram se libertar.

Não estar consciente das verdadeiras emoções, não se sentir confortável com elas ou achar que não temos "permissão" para senti-las ou expressá-las pode criar pontos de supressão debilitantes dentro de nós. Não saber como respeitar ou expressar tais emoções de forma efetiva e produtiva é ainda pior. Essa dinâmica cria uma grande quantidade de estresse, pressão e negatividade em relação a nós mesmos e ao mundo em geral.

O impacto da autocrítica

Então, de que modo toda essa autocrítica, supressão de emoções e negatividade em relação a nós mesmos afeta nossa vida e nossa capacidade de reconhecer o valor das coisas? Bem... Para ser sincero, isso acaba com todas as possibilidades de amarmos verdadeiramente a nós mesmos, reconhecermos o valor dos outros e criarmos os bons relacionamentos, o sucesso e a felicidade que desejamos.

O negativismo que sentimos em relação a nós, sob as várias formas que analisamos neste capítulo — a autocrítica, o perfeccionismo, dar ouvidos ao Gremlin pessoal, não reconhecer nosso valor, não aceitar elogios, projetar nossos atributos negativos nos outros e não respeitar nem expressar nossas verdadeiras emoções — é, em última análise, o motivo de toda a negatividade que vemos nos outros e reparamos no mundo. Nosso relacionamento conosco é a fonte das nossas vidas, e é através dessas lentes que enxergamos o mundo. Se vemos o copo como metade cheio ou metade vazio, isso tem a ver diretamente com o jeito de enxergarmos e percebermos nós mesmos. A forma como o fazemos com outras pessoas está diretamente relacionada com o que sentimos a respeito de nós e da nossa vida.

Possuir uma percepção profunda da negatividade existente dentro de nós é um passo essencial para o nosso crescimento, e é fundamental viver uma vida plena de gratidão, reconhecendo o valor dos outros e o nosso também. É preciso coragem para olharmos de forma sincera para esse nosso lado obscuro. Quando conseguimos e desejamos fazê-lo, damos a nós mesmos a oportunidade de enfrentar, curar e, por fim, transformar a própria negatividade. Ao fazermos isso, podemos criar o que realmente queremos no nosso mundo.

Questões a ponderar a respeito da autocrítica

Para completar este capítulo e a primeira parte do livro, reflita ou responda às perguntas que se seguem, todas muito importantes; sua investigação particular sobre o impacto da autocrítica tem de ser verdadeira, específica e tão pessoal quanto possível.

1. De que forma a autocrítica aparece em sua vida e qual é o impacto que ela tem ou teve em você e nas suas relações?
2. Que tipo de coisas o seu Gremlin lhe diz regularmente?
3. O que, especificamente, o impede de reconhecer o próprio valor e de se amar por completo?

Enquanto pensa a respeito dessas questões e tenta respondê-las com sinceridade, tenha compaixão para consigo mesmo e saiba que sua capacidade de ser autêntico a respeito da própria negatividade está diretamente relacionada com a sua capacidade de se focar nas coisas boas e de se tornar mestre na arte de apreciar não só você, mas a sua vida e os que estão à sua volta. Lembre-se: enfrentar a sua negatividade e a sua autocrítica de forma sincera é o que lhe dará acesso ao verdadeiro reconhecimento pessoal.

Uma técnica para transformar a sua negatividade

A técnica a seguir lhe oferecerá um modo tangível e específico de enfrentar, acessar e transformar sua negatividade. Sinta-se à vontade para ler tudo com calma antes, praticar o exercício agora ou sempre que tiver vontade e seguir em frente com o livro. Essa técnica poderosa vai ajudá-lo a superar sua negatividade de forma rápida, para que possa focar toda a sua atenção de forma mais positiva e proativa nas coisas que quer e no que está fazendo. Eu uso essa técnica comigo nos dias em que vou dar palestras, antes de reuniões importantes, encontros de família e em várias ocasiões que possam gerar pensamentos ou sentimentos negativos em mim. Aprendi essa técnica com um psicólogo da área esportiva com quem trabalhei em Stanford.

Primeiro passo: Reconheça de forma sincera todos os seus pensamentos e sentimentos negativos
Pense em todas as dúvidas, julgamentos, inseguranças, frustrações, aborrecimentos, distrações, conflitos e focos de estresse que sinta nesse instante. A maneira mais completa e eficiente de fazer isso é verbalizar tudo para outra pessoa, alguém em quem confie e com quem se sinta seguro. A pessoa com a qual esteja falando não precisará fazer nada, nem dizer nada, nem lhe oferecer conselhos de qualquer tipo. Na verdade, para essa técnica funcionar,

você deve se certificar de que a pessoa quer participar. A função dela será simplesmente ouvi-lo, prestar atenção em tudo o que relatar, sem julgamentos. Continue falando até achar que reconheceu toda sua negatividade e até mesmo as coisas que tinha vergonha de dizer. Quanto mais verdadeiro e sincero você for, mais eficiente essa técnica será.

Por exemplo, quando estou para dar uma palestra diante de muita gente, pode ser que eu diga coisas como "Estou nervoso porque a plateia está lotada. Sinto-me apavorado com a possibilidade de me enrolar todo ou esquecer de dizer algo importante. Pareço constrangido porque talvez a minha roupa não seja adequada. Acho-me feio. Tenho medo de parecer burro e as pessoas não gostarem de mim."

Não importa quanto considere a sensação importante ou insignificante, identifique e afirme em voz alta qualquer pensamento ou sentimento que lhe pareça negativo. Se, por algum motivo, você não puder encontrar ninguém para ouvi-lo ou se sentir pouco à vontade, a princípio, para fazer isso em voz alta diante de outra pessoa, existem duas opções para o primeiro passo. Você poderá falar tudo em voz alta mesmo que ninguém esteja ouvindo. Faça isso no seu quarto, dentro do carro ou em qualquer lugar. Às vezes, quando tenho de fazer isso sozinho no carro, coloco o meu fone bluetooth no ouvido para as pessoas em volta não acharem que sou completamente maluco. A outra opção é escrever tudo em um pedaço de papel. Fiz isso algumas vezes, quando não conseguia conversar com ninguém ou estava sentado em uma sala de espera, prestes a entrar em uma reunião importante, e não seria adequado ficar conversando ao telefone ou falando sozinho em voz alta. O importante é pôr para fora todos os seus pensamentos e sentimentos negativos de um jeito que funcione para você.

Segundo passo: crie uma "folha em branco"

Ao reconhecer seus pensamentos e sentimentos negativos — tanto falando deles em voz alta quanto escrevendo-os em um papel — você vai sentir uma mudança, um "afrouxamento" das garras da negatividade. Isso normalmente acontece de forma natural quando admite essas coisas para si mesmo. Quem estiver empregando essa técnica com você, se for bom, poderá ajudar muito no processo se repetir tudo o que ouviu. Isso servirá para mostrar não só que a pessoa prestou atenção, mas também fará você analisar as coisas como se fosse alguém de fora.

Minha esposa, Michelle, faz isso para mim, e é ótima na tarefa. Normalmente me pego rindo diante da maioria das minhas dúvidas, questionamentos, preocupações, medos e negatividade. Ao ouvir essas coisas repetidas em voz alta, muitas vezes tudo me soa ridículo. O objetivo desse segundo passo é você ter certeza de que "aboliu" todos os pensamentos e sentimentos negativos. Desse modo poderá ficar com uma "folha em branco" nas mãos para criar novas realidades.

Terceiro passo: modifique seu estado físico e emocional

Depois de ter se livrado de toda a negatividade, é importante modificar seu estado físico e emocional. Para isso, você deve se lançar em uma atividade física ou dizer algo em voz alta. Se houver chance, é ótimo gritar, pular ou realizar algum som ou movimento que ajude a bombear o seu sangue e o deixe "ligado". Um dos meus preferidos é um belo grito no estilo "Tarzan". Isso sempre muda o meu estado de espírito rapidamente.

Quarto passo: verbalize e visualize o que quer

Agora que reconheceu todos os focos de negatividade, criou uma folha em branco e modificou o seu estado de espírito, está pronto para "criar" a forma como deseja que as coisas ocorram. Nessa etapa do processo, você deve determinar em voz alta as suas intenções positivas para o que está prestes a realizar. Em outras palavras, responda para si mesmo à pergunta "Como você quer que as coisas aconteçam?" Seja o mais específico que puder a respeito disso e certifique-se de manter cada uma das declarações no modo afirmativo. Por exemplo, não diga "Eu não quero estragar esse evento", nem "Espero que a coisa não seja muito ruim." Em vez disso, afirme alguma coisa no estilo "Eu quero me sentir completamente confortável, alerta e inspirado." Ou então "Eu quero que eles me ofereçam o emprego na mesma hora", ou qualquer outra coisa positiva e específica que queira que aconteça. Permita-se ver e sentir tudo acontecendo exatamente do jeito que deseja.

Quinto passo: deixe a coisa fluir

Agora que passou pelos primeiros quatro passos do processo, é importante deixar tudo fluir, confiar em si mesmo e focar no aqui e agora.

Ao seguir cada um desses passos, você vai se colocar na melhor posição possível a fim de verdadeiramente deixar a coisa acontecer e saber que tudo vai funcionar exatamente do jeito que quer. Você poderia ter dito isso logo de cara, mas sem seguir de verdade cada etapa do processo e limpar toda a negatividade, não conseguirá realmente visualizar o que quer e permitir que as coisas aconteçam com facilidade. Esse é um processo que pode utilizar a qualquer momento em que quiser transformar sua negatividade. É uma técnica poderosa que trará resultados surpreendentes à sua vida.

Já analisamos profundamente tanto a negatividade pessoal quanto a cultural que se interpõem no caminho, tornando difícil focar nos fatores positivos e reconhecer as coisas boas na nossa vida. Podemos então passar a estudar os cinco princípios do reconhecimento.

Parte Dois

Os cinco princípios do reconhecimento

3

PRINCÍPIO 1
Seja grato

Os capítulos seguintes apresentam os cinco princípios de reconhecimento que ensinei a meus clientes e são baseados no trabalho de desenvolvimento pessoal que venho desempenhando na vida ao longo dos últimos quinze anos. Tais princípios são preparados para dar a você percepções específicas, ideias e técnicas que lhe permitirão viver uma vida de gratidão, reconhecimento e satisfação. Os princípios são os seguintes:

1. Seja grato;
2. Escolha pensamentos e sentimentos positivos;
3. Use palavras positivas;
4. Agradeça aos outros;
5. Reconheça seu próprio valor.

Cada princípio se constrói a partir do anterior; juntos, criam um modelo de como o reconhecimento pode se tornar um caminho para a sua vida e para aqueles que estão à sua volta.

A melhor maneira de transformar nossa negatividade em relações, situações e circunstâncias positivas é começar exatamente onde estamos e olhar para nós mesmos, para o próximo e para o mundo do jeito que são. Focar nas coisas que já temos e pelas quais somos gratos hoje é uma das coisas mais poderosas que podemos fazer para alterar nossa vida de forma positiva.

Quando eu era criança, minha mãe costumava dizer que eu "deveria" ser grato por tudo o que tinha, pois havia muita gente menos afortunada que eu. Por algum motivo, o fato de ela me dizer isso nunca fez com que eu me sentisse grato. Culpado, talvez, mas não grato.

Quase todos sabemos que a gratidão é importante. Porém, quase nunca damos atenção às coisas boas. Geralmente somos gratos simplesmente por sentir que "devemos" ser, ou nos lembramos de ser gratos só depois que algo ruim de verdade já aconteceu.

Ser grato (princípio 1) é fundamental para viver de forma plena. Gratidão é o primeiro nível de reconhecimento, e é também o mais básico. Ele tem a ver com nossa visão e nossa perspectiva — a forma como enxergamos as coisas e o que procuramos. Neste capítulo, veremos o que é a gratidão, sua importância, como ela molda nossas atitudes e perspectivas, e como podemos ser mais gratos no nosso dia a dia.

O que é gratidão?

Cada um tem a própria definição do que é a gratidão, e cada um de nós tem uma forma diferente de senti-la e focá-la no cotidiano. Quase todas as pessoas com quem falo e trabalho admitem que não concentram tanto sua atenção na gratidão pelas coisas boas na vida quanto gostariam. De acordo com o Dr. Robert Emmons, professor de psicologia da Universidade Davis, na Califórnia, coeditor da antologia *A psicologia da gratidão* e um dos maiores especialistas em gratidão do mundo, "A gratidão é um dos sentimentos mais negligenciados e uma das virtudes mais subestimadas."

Muitos dos motivos dessa falta de concentração na gratidão estão explicados com detalhes nos Capítulos I e II, onde vimos os dois tipos de negatividade: a cultural e a pessoal. Basta dizer que não há muito incentivo para expressarmos gratidão de forma sincera em nosso dia a dia. Então, é importante entendermos a gratidão profundamente, a fim de a praticarmos de forma intencional.

Emoção, atitude e estado de espírito

A gratidão é emoção, atitude e estado de espírito. Podemos tanto *sentir* gratidão quanto *ser* gratos. Basicamente, gratidão é um sentimento sincero de agradecimento e reconhecimento que temos por alguém, por algo ou pela vida de forma geral. Quando tiramos uma parte de nosso tempo para apreciar alguém ou alguma coisa — em pensamentos, palavras ou atos —estamos sentindo, e às vezes expressando gratidão naquele momento.

Quando escolhemos focar nas coisas boas do próximo e encontramos coisas que apreciamos e pelas quais nos sentimos agradecidos, estamos sendo gratos — e isso se torna um estado de espírito e uma atitude. Essa "atitude de gratidão" é a essência desse princípio, e é fundamental para nossa capacidade de focar nas coisas boas e viver uma vida de sincero reconhecimento e realização.

VEJA ISTO
O impacto físico da gratidão

De acordo com Rollin McCraty, do Centro de Pesquisa do Instituto HeartMath, e com o Doutor Childre, da Quantum Intec Inc., a expressão de gratidão legítima não apenas mantém os relacionamentos sociais intactos, mas também pode curar fisicamente nosso corpo.

Em um capítulo que publicaram da antologia *A psicologia da gratidão*, McCraty e Childre dizem que cultivar emoções positivas, tais como o reconhecimento e a gratidão, ajuda a melhorar o ritmo do coração. Um coração em bom estado de funcionamento, por sua vez, envia sinais para os centros cognitivos e emocionais do cérebro.

Por que a gratidão é importante

Quando focamos naquilo pelo qual somos gratos, alteramos não apenas a perspectiva, mas também nosso estado de espírito. É quase impossível se sentir agradecido e vitimado ao mesmo tempo. Na verdade, sentir gratidão ou ser grato é uma ótima forma de transformar nossa negatividade: pode ajudar a quebrar um estado de espírito ruim, nos colocar de volta no caminho certo e nos manter em frente, numa direção positiva. A emoção da gratidão é tão forte que, quando a sentimos, às vezes ela afasta qualquer outra emoção que estejamos vivenciando.

Resumindo, a gratidão tem um impacto milagroso em como vemos o mundo. Como Oprah Winfrey diz, "Se você começar focando a atenção no que tem e nas coisas pelas quais é grato, começará a ver mais dessas coisas."

Uma verdade genérica da vida é que sempre encontramos o que estamos procurando. Sendo assim, se procurarmos por coisas que apreciamos e pelas quais somos gratos, provavelmente encontraremos mais dessas coisas. Ser grato altera a forma como nos relacionamos com o mundo e como vemos as coisas.

Imagine que você acordará amanhã de manhã e fará uma promessa de ser grato pelo resto do dia. Mesmo que mantenha essa atitude apenas nas primeiras horas da manhã, você acha que isso causará algum impacto no seu dia, em como se sente e em como se relacionará com os outros e com o mundo?

Com certeza.

A gratidão é uma escolha. Todo o dia, a todo o momento, temos a escolha de nos sentirmos e sermos gratos, não importam as circunstâncias.

Eu vi uma entrevista na tevê com o ator Michael J. Fox. O entrevistador perguntou sobre sua luta contra o mal de Parkinson, como ele se sentia em relação à doença e com o impacto que ela causava em sua vida e em sua carreira.

Sem pensar nem gaguejar, Michael disse: "Sou grato por ela".

Ele começou a falar sobre quanto a doença lhe ensinou a respeito de si mesmo, dos outros, e da vida. Falou também sobre a sua gratidão por poder ter usado o seu nome conhecido e seus recursos financeiros para aumentar a consciência do público sobre a doença e fazer uma diferença positiva para os que sofrem com ela.

Que perspectiva incrível! Ali estava um cara famoso que permaneceu no topo do mundo durante os anos 1980 e 1990, como astro de dois seriados de sucesso da televisão e vários filmes importantes do cinema. Agora, ele não só não podia mais atuar devido à sua condição, como sua vida fora alterada de forma dramática. Vê-lo dar aquela entrevista não foi fácil para mim, pois ficou claro que, no dia a dia, o ator sentia muitas dores físicas e grande desconforto.

Se ele fosse amargo, depressivo e nervoso, grande parte de nós iria compreender tal atitude, sem culpá-lo. Em vez disso, Michael J. Fox escolheu um caminho diferente: o da gratidão, do reconhecimento e da generosidade. Esse é um ótimo exemplo do poder da gratidão e de como cada um pode escolher ser grato por sua vida, independentemente da situação.

Em nossa vida cotidiana, a gratidão não só poderá nos ajudar a enfrentar desafios, mas também pode ser um estímulo para grandes mudanças, e a fonte da felicidade. Pense em algumas das pessoas mais felizes que conhece. Aposto que todas elas são pessoas que consideraria gratas. Pessoas gratas são agradáveis de ter por perto, elas emitem um sentimento de paz, amor e confiança que geralmente são magnéticos. Duvido que você tenha ouvido alguma vez alguém dizer "Aquela tal de Nancy, hein?... Acho que ela é grata demais."

Quando estou trabalhando com meus clientes, oferecendo-lhes consultoria em treinamento, geralmente começo as sessões perguntando: "Quais as coisas pelas quais são gratos?". Por mais que lhes pareça difícil ou fácil responder essa pergunta, ela sempre altera o humor, o estado de espírito e a perspectiva deles, e isso determina uma base positiva para nossa consulta.

Isso também funciona quando trabalho com grupos. Antes de progredir com o encontro, principalmente se um grupo estiver engajado em um desafio, dificuldade ou discussão potencialmente volátil, sempre pergunto: "O que está correndo bem nesse exato momento?" É importante para o bem-estar do próprio grupo e para um sucesso geral da discussão que comecemos dessa forma positiva e falemos sobre algumas das coisas pelas quais as pessoas são gratas. Desse modo, poderemos ter uma discussão mais produtiva e eficiente a respeito dos problemas, desafios, e até objetivos. De vez em quando, vejo um progresso positivo quando as pessoas se abrem para o poder da gratidão.

Contando nossas bênçãos
Quando separamos algum tempo para realmente pensar a respeito de nossa vida, sobre as pessoas ao redor e sobre o mundo em que vivemos, há muitas coisas pelas quais ser grato. Pense em todas as coisas que se encaixaram e deram certo só para você poder estar aqui neste momento, lendo este livro.

Levando em conta a sua perspectiva e os detalhes de sua história de vida, vou arriscar dizer que houve literalmente milhares de milagres que o levaram a esse momento específico no tempo.

Como Albert Einstein dizia: "Existem duas maneiras de viver: você pode viver como se nada fosse um milagre ou como se tudo fosse um milagre".

Quer se considere, quer não alguém que já experimentou muitos milagres, tenho certeza de que pode admitir que muitas coisas se encaixaram em todos os dias de sua vida, de forma que tudo desse certo. Existem coisas simples que às vezes consideramos banais e pelas quais podemos nos sentir gratos a qualquer dia, como o toque da mão de outra pessoa, um sorriso caloroso, a beleza de uma árvore, todos os sinais de trânsito pelo caminho funcionando perfeitamente quando vamos para o trabalho, o alimento que somos capazes de usufruir a cada refeição, e muitas outras coisas.

★ EXERCÍCIO
Faça uma lista de gratidão

Monte uma lista com o máximo de coisas que consegue lembrar e pelas quais é grato em sua vida neste momento; escreva em um pedaço de papel ou em sua agenda. Você pode escrever o nome de pessoas importantes, aspectos de sua vida dos quais mais gosta, as habilidades físicas que possui, os bens materiais que são importantes para você, as coisas fundamentais que aprendeu ou qualquer outra coisa. Você poderá pôr na sua lista de gratidão qualquer coisa que surja em sua mente — por maior ou menor que seja.

Você poderá usar a lista que acabou de criar na segunda parte do exercício do Capítulo II e usá-la como base para aquela prática. Porém, tenha a certeza de que aquela será uma lista totalmente nova. Tire cinco minutos ou mais para montar sua lista. Mesmo que se sinta bloqueado ou ache que está sem ideias sobre o que mais colocar no papel, tente ir em frente.

Como a gratidão forma nossa atitude e nossa perspectiva

O Dr. Wayne Dyer diz: "A forma como olhamos para alguma coisa, na verdade, muda o que estamos olhando." Todos nós já presenciamos esse fenômeno na vida. Nossa atitude ou perspectiva sobre alguém ou alguma coisa, no final das contas, tem muito a ver com o que vemos ou presenciamos.

A minha esposa Michelle e eu, há algum tempo, morávamos no Presidio, em São Francisco. Se você alguma vez já foi a São Francisco, deve saber que a área conhecida como Presidio era uma base militar que foi transformada em parque nacional. Ela se situa em um dos lugares mais bonitos do mundo — fica próximo da baía de São Francisco, à margem do oceano Pacífico. A mais ou menos 800 metros da nossa casa fica uma das vistas mais incríveis que eu já vi — a ponte Golden Gate, a costa de Marin e o Oceano Pacífico.

Às vezes, andávamos ou dirigíamos o carro bem devagar ao longo dessa paisagem e dizíamos um para o outro: "Nossa! Não é incrível a sorte que temos de morar em um lugar tão lindo?"

Notar a beleza daquela vista e reconhecer isso em voz alta um para o outro nos fazia sentir bem e nos lembrava de apreciar aquela dádiva, e não apenas aceitá-la como uma coisa certa e garantida em nossas vidas. Cada vez que expressávamos nossa gratidão para a beleza da vista, ela na verdade parecia ficar ainda mais bonita.

Porém, houve alguns dias em que eu estava com muita pressa, atrasado para uma reunião qualquer na região de Marin, e precisava dirigir mais depressa enquanto passava pelo "cartão postal" em meu caminho para a ponte Golden Gate. Em vários dias e momentos como aquele, eu não apenas não reparava na vista maravilhosa, como também ficava simplesmente irritado por ela existir, devido ao grande número de carros, turistas e pessoas que enchiam as redondezas, colocando-se no meu caminho e me obrigando a diminuir a velocidade. Naqueles momentos, tudo ao meu redor parecia dificultar minha vida. A vista continuava maravilhosa como sempre, mas eram diferentes as minhas atitudes e perspectivas.

Vamos dar graças a todo o momento

No Dia de Ação de Graças há uma bela tradição, da qual muitas famílias e grupos participam. Ela se chama "compartilhar as graças". Na mesa de jantar, é dada a cada pessoa a oportunidade de compartilhar as coisas pelas quais ele ou ela se sente grato.

Eu adoro fazer isso a cada ano, em companhia da minha família! Sempre me sinto inspirado, mais próximo das pessoas ao meu redor, e me lembro das muitas bênçãos em minha vida.

É maravilhoso que possamos usar esse tempo para agradecer e expressar nossa gratidão para as coisas boas da vida. Por que não fazemos isso com mais frequência?

Mais uma vez, parece que existe uma série de regras não escritas sobre a gratidão pública e o reconhecimento em nossa sociedade. Uma dessas regras é que expressões de gratidão e de reconhecimento devem ser expressas apenas em momentos "apropriados". O Dia de Ação de Graças é um deles, e é por isso que muitos reservam algum tempo para isso e se sentem um pouco mais confortáveis em expressar gratidão em voz alta. Aniversários, feriados, casamentos, festas pela aposentadoria de alguém, banquetes de premiação e outros eventos e atividades parecidos também se enquadram nessa categoria. Todas essas são ocasiões maravilhosas para expressarmos reconhecimento por nós mesmos, pelos outros e pela vida de forma geral.

Mas o que aconteceria se fizéssemos isso com mais frequência? O que aconteceria se expressar nossa gratidão fosse corriqueiro em nossa vida? E se tivéssemos um Dia de Ação de Graças a toda a hora? Poderíamos fazer isso. É algo que depende de nós.

Meu amigo Johnny recentemente me contou que ele, sua esposa Lara e sua filha Isabelle, de seis anos, realizam uma "Quinta-Feira de Gratidão" toda semana. Toda quinta-feira de manhã, enquanto estão levando Isabelle para a escola, eles conversam sobre as coisas pelas quais são gratos. Isabelle realmente adora essa atividade e fica ansiosa pela quinta-feira. Quando Johnny e Lara esquecem (o que acontece em algumas semanas), Isabelle rapidamente lhes lembra. Ela faz questão de que usem aquele tempo no carro para focar no que são gratos. Isso é um exemplo perfeito de como é possível incorporar a gratidão ao nosso dia-a-dia.

Seja grato pelos desafios

Um dos maiores desafios para muitos de nós é sentir gratidão ao enfrentar dificuldades em nossas vidas. Chega a ser quase ilógico agradecer pelos desafios. Entretanto, a maioria de nós já passou por dificuldades, e, olhando para trás, para alguns daqueles momentos dolorosos, muita gente (inclusive eu) afirma sinceramente que é grata por ter passado por aquelas experiências.

Para mim, a lesão no braço e o fim da minha carreira no beisebol foi uma das coisas mais dolorosas e difíceis que já me aconteceram. Quando penso sobre isso agora, sou grato por aquilo ter acontecido daquela forma. Em primeiro lugar, aprendi e cresci muito através daquela experiência. Segundo, se ela não tivesse acontecido eu talvez não tivesse encontrado minha paixão profunda pelo crescimento pessoal e espiritual, ajudando pessoas e fazendo o trabalho que faço agora, e que adoro, por sinal. Terceiro, se eu tivesse continuado a jogar beisebol, nunca teria conhecido Michelle, o amor da minha vida. Não teríamos nos casado e eu não seria o pai orgulhoso de nossa linda filhinha, Samantha. Esses são apenas alguns exemplos de bênçãos que vieram por meio de uma experiência muito desafiadora e dolorosa para mim.

Eu imagino que você possa olhar para o passado, analisar muitos dos momentos mais difíceis de sua vida e perceber que eles "aconteceram por algum motivo", e que é grato agora por tudo ter acontecido exatamente do jeito que aconteceu.

Existe uma frase excelente, da autoria de Carl Jung, que eu já ouvi as pessoas citarem muitas vezes em diversos locais de trabalho, e é também ensinada por professores, orientadores e conselheiros com os quais trabalhei: "Aquilo contra o que você resiste, persiste." Em outras palavras, lutar contra as dificuldades e os desafios, às vezes, acaba por evitar a mudança pela qual estamos esperando. Ficar em paz com nossos defeitos e até com os nossos desafios mais difíceis poderá, às vezes, criar espaço suficiente para nos permitir efetuar as mudanças que precisam ser feitas, ou simplesmente adquirir a disposição de deixar a vida ir em frente.

Como meu caro amigo e mentor Richard Carlson nos lembrou em seu best seller *Não faça tempestade em copo d'água*: "Muitas vezes deixamos de perceber que a forma como nos relacionamos com os problemas tem muito a ver com a velocidade e a eficiência para resolvê-los."

Nossa atitude diante de um problema que temos é quase sempre muito mais importante que a própria questão — em termos de lidar com ela de forma eficiente ou transformá-la em um problema maior. Se pararmos e procurarmos alguma coisa pela qual ser gratos em meio a um desafio, ganharemos uma perspectiva importante que nos ajudará não apenas a "superar" o problema, mas também a aprender e a crescer com o processo.

Gratidão atrai abundância

Quando focamos nossa atenção nas coisas pelas quais somos gratos, atraímos mais pessoas, novas circunstâncias e outras coisas pelas quais ser gratos. A gratidão é uma das maiores forças de atração do universo.

Meus amigos Matthew e Terces Engelhart são duas das pessoas mais inspiradoras e surpreendentes que já conheci. Ambos entendem perfeitamente o incrível poder da gratidão. Há alguns anos eles criaram um jogo de tabuleiro e uma oficina interativa denominados "O Rio da Abundância". O objetivo do jogo e da oficina era nos ensinar a alcançar a abundância universal, que já nos rodeia quando somos gratos, e a expressar a nossa gratidão de forma aberta.

Muitas pessoas pensam em abundância em termos de ter muito dinheiro ou ser capaz de comprar muitas coisas. O que Matthew e Terces nos ensinam é que adquirimos o acesso à verdadeira abundância ao nos abrir a tudo o que já possuímos em nossas vidas, sendo capazes de demonstrar gratidão por isso e focar no que apreciamos em nós mesmos, no mundo e na vida em geral.

Os Engelharts também abriram um café em São Francisco chamado Café Gratidão. O café foi projetado para ser um exemplo vivo do trabalho que desenvolvem e da sua psicologia geral de vida.

O Café Gratidão é extraordinário, não apenas é lindo de ver, mas também tem uma atmosfera gostosa que nos faz sentir bem em estar lá. Os itens do cardápio são identificados através de poderosas afirmações pessoais, tais como: "Estou realizado", "Sinto-me grato", ou "Estou satisfeito". Você não pode simplesmente chegar lá e dizer: "Quero a salada da casa"; deve pedir a salada "Estou realizado".

O café é divertido, levanta o astral e é muito positivo. Tem mesas grandes, para acomodar vários grupos ao mesmo tempo. Normalmente você acaba se sentando com gente que nunca viu e de repente se vê envolvido em conversas muito interessantes. Cartas do jogo de tabuleiro inventado pelos Engelharts estão em todas as mesas, e nesses pequenos cartões as pessoas leem questões provocadoras, tais como: "Quais são as coisas que você adora na sua vida?" No toalete, afirmações escritas no espelho dizem, por exemplo: "Eu me amo", "Sou lindo" ou "Eu celebro a mim mesmo". Esse restaurante não é simplesmente um lugar onde se faz refeições; é uma experiência que levanta o astral e um grande exemplo do poder e do impacto positivo da gratidão.

Trazendo mais gratidão para sua vida

Com toda essa conversa a respeito de ser grato, talvez você esteja aí, com o livro na mão, se perguntando: "Como é que eu posso trazer mais gratidão para minha vida?"

Essa é uma excelente pergunta. A resposta é, na verdade, muito simples: praticando.

A gratidão, assim como muitas coisas na vida, vai ficando mais fácil à medida que você pratica. E estamos tratando aqui, literalmente, de uma *prática* — uma prática espiritual, emocional e mental. Do mesmo modo que os outros quatro princípios, incorporar a gratidão em sua vida de forma significativa e poderosa vai exigir determinação e compromisso.

PRÁTICAS POSITIVAS

A grande vantagem a respeito da gratidão é que você já sabe como se sentir e estar grato. É fácil, divertido e gratificante. O desafio agora está em descobrir qual a melhor maneira de lembrar a si mesmo de tudo o que aprendeu e escolher práticas específicas nas quais você e as pessoas à sua volta possam participar de forma regular.

Nesta seção, eu listei e expliquei vários exercícios simples de gratidão que você poderá usar na sua vida. A maioria pode ser feita a sós, mas alguns deles só é possível fazer com outras pessoas. Todos foram projetados para elevar o seu nível de gratidão e lançar você em uma prática plena desse princípio muito importante, que é *ser grato*.

Algumas das práticas listadas aqui já foram mencionadas neste capítulo e em outros lugares deste livro.

Talvez já tenha feito isso antes. E existem muitos outros exercícios e técnicas que você pode usar. O objetivo dessa lista (todos os exercícios positivos serão apresentados entre os Capítulos IV e VII) é fazer você refletir e colocá-lo em ação. Meu desafio agora é que você escolha alguns desses exercícios e comece a utilizá-los ainda hoje. Divirta-se e lembre-se de que eles são apenas "exercícios", e você não precisa segui-los à risca.

1. Mantenha um registro de gratidão. Esse é um exercício muito simples e poderoso que poderá resultar em grandes mudanças na sua vida. Ele foi popularizado no final dos anos 1990 por Sarah Ban Breathnach, em seu livro *Simple Abundance* (abundância simples). Esse livro foi divulgado com muita empolgação por Oprah Winfrey, que leu a obra e convidou a autora a participar do seu programa de tevê. Você pode preparar seu registro de gratidão da maneira que quiser. O objetivo é anotar cinco ou seis coisas a cada dia pelas quais se sinta grato, seja a respeito de si mesmo, de outros ou da vida em geral. Na verdade, não importa muito o fato em si nem o momento de descrevê-lo; o importante é que o faça como um compromisso diário. Muitos dos meus clientes acham melhor deixar uma agenda de momentos de gratidão ao lado da cama, para poderem anotar coisas ali assim que acordam de manhã ou pouco antes de dormir à noite. Tem gente que prefere carregar um caderninho por aí, para poder anotar coisas pelas quais se sente grata ao longo do dia, conforme forem sendo vistas, sentidas ou vivenciadas. Faça dessa atividade um momento de diversão e torne sua agenda ou caderninho um momento criativo e único para você. De preferência, use uma agenda ou caderninho que seja feito de um material que goste de ver e tocar; personalize-o, torne-o um objeto simpático e com o seu estilo.

2. Divida sua gratidão com outros. Conforme foi mencionado antes, na parte sobre o Dia de Ação de Graças, a prática de compartilhar um momento de gratidão pode ser efetuada a qualquer instante e em grupo. A hora das refeições, principalmente o jantar, é um grande momento para isso. Alguém dá início ao exercício e identifica alguma coisa pela qual ele ou ela seja grato — algo que tenha acontecido naquele dia em particular. Quando a pessoa acabar, todos os outros à mesa serão incentivados a tirar alguns instantes para compartilhar o motivo de sua gratidão. Às vezes, ajuda fazer uma pergunta específica à pessoa. Por exemplo: "Aconteceu alguma coisa pela qual você esteja se sentindo grato, hoje? Quem sabe houve algo bom no seu emprego? Talvez algo sobre sua família?"

3. Crie um ritual de gratidão matinal ou noturno. Essa é outra prática simples e muito eficaz que você poderá fazer sozinho ou com outra pessoa. Em algum momento da manhã, de preferência nos primeiros dez minutos depois de acordar ou à noite pouco antes de ir deitar, passe algum tempo meditando sobre as coisas pelas quais é grato. Você poderá usar sua agenda ou caderninho de gratidão; converse com o seu parceiro de exercício, seu marido ou esposa; com seu filho ou com outro membro da família; converse com Deus em oração; pense em coisas boas ou foque a atenção naquilo que lhe provocou o sentimento de gratidão. Na verdade, não importa exatamente o que faça, desde que dedique algum tempo e foque a sua atenção na gratidão logo ao acordar ou pouco antes de colocar a cabeça no travesseiro para dormir à noite. Meu ritual de gratidão muitas vezes consiste em simplesmente ficar deitado na cama repassando mentalmente uma lista das coisas pelas quais eu sou grato. Comecei a fazer isso ainda no tempo de faculdade, assim que percebi que, às vezes, era difícil levantar-me de manhã. Em vez de me martirizar por estar desperdiçando todo aquele tempo na cama, ou ficar apertando o botão de "soneca" do despertador um monte de vezes, decidi usar aqueles momentos para focar a atenção na gratidão. Do mesmo modo, à noite, muitas vezes eu fico na cama e, quando estou quase pegando no sono, repito mentalmente algumas das muitas coisas pelas quais sou grato — geralmente coisas que aconteceram naquele dia.

4. Pergunte às pessoas o motivo de elas se sentirem gratas. Essa prática é muito poderosa e facílima de fazer. Ao longo do dia, pergunte às pessoas os motivos que elas têm para se sentirem gratas. Isso pode ser muito divertido,

Seja grato

interessante e inspirador. É preciso um pouco de coragem, pois algumas pessoas vão rir de você ou achá-lo esquisito — pode acreditar em mim, porque eu já passei por isso! Todavia, a maioria das pessoas vai adorar a pergunta e vai curtir a chance de dar as respostas. Muitas vezes elas perguntam de volta e acaba rolando uma conversa maravilhosamente positiva sobre as coisas pelas quais ambos devem ser gratos. Uma pequena alternativa para essa prática é fazer essa pergunta através da sua caixa postal. Nos últimos anos fiz questão de deixar sempre alguma mensagem do tipo "Depois do seu recado, conte-me alguma coisa pela qual se sente grato no dia de hoje" em todas as minhas caixas postais — em casa, na secretária eletrônica, no escritório e no celular. Nem todo o mundo responderá à sua pergunta, mas você vai se surpreender com o número de pessoas que o fará. Pode parecer egoísmo, mas adoro esses recados porque quando verifico as mensagens e ouço as coisas pelas quais as pessoas se sentem gratas, isso me serve de inspiração e faz com que eu me lembre das coisas pelas quais eu também deva me sentir grato. É muito estimulante notar as reações das pessoas a essa pergunta — especialmente as que estão me telefonando pela primeira vez e nem mesmo me conhecem. Já aconteceu até de gente me ligar para vender alguma coisa e acabar contando seus motivos para sentir gratidão.

5. Use uma pedra de gratidão. Essa é uma prática que eu aprendi ao ler o livro e assistir ao filme *O segredo*, um grande sucesso que fala sobre a lei da atração. Uma das pessoas entrevistadas no filme explicou essa prática simples e poderosa. Procure uma pedra pequena ou um cristal de que você goste. Coloque-o em seu bolso ou bolsa e leve-o aonde for. Toda vez que colocar a mão no bolso ou na bolsa durante o dia e tocar a pedra (o que provavelmente vai acontecer um monte de vezes), pense em algo pelo qual você deve se sentir grato. No fim do dia, quando esvaziar o bolso ou a bolsa, tire alguns instantes para refletir sobre as coisas pelas quais você é grato. Coloque a pedra em cima de sua mesinha de cabeceira, bancada ou qualquer outro lugar onde costume colocar as coisas que carrega todos os dias. Na manhã seguinte, coloque a pedra novamente no bolso ou na bolsa e foque em algo pelo qual ser grato. Faça isso sempre. Essa pedra de gratidão se tornará um símbolo e uma lembrança de que você deve sempre se focar na gratidão pelas coisas boas.

Como pode ver, esses quatro exercícios de gratidão são muito simples e fáceis de fazer. Não é necessário realizar todos eles — simplesmente escolha um ou dois com os quais você mais se identifique ou crie algum exercício próprio. Divirta-se com isso. Partilhe a ideia com os outros. Acima de tudo, certifique-se de pôr as ideias em *ação*.

Pratique, pratique muito, pratique sempre. Não perca seu tempo nem sua energia sentindo-se sobrecarregado nem tentando fazer as coisas de "forma perfeita"; simplesmente brinque com elas e veja qual ou quais delas se encaixam melhor em você. Isso também vale para todas as práticas positivas neste livro.

Este primeiro princípio, "Seja Grato", pode, por si só, transformar sua vida. Quando temos uma atitude de gratidão, enxergamos o que é ótimo em nossas vidas e tudo o que existe nelas e pelo qual devemos nos mostrar gratos. Gratidão é uma peça essencial do foco nas coisas boas e na possibilidade de viver uma existência de verdadeiro reconhecimento e realização.

Agora que já compreendemos o poder da gratidão (Princípio 1), podemos dar o próximo passo essencial em nossa jornada para nos tornar mestres na arte de reconhecer nossas vidas ao vermos a importância de escolher sentimentos e pensamentos positivos (Princípio 2).

4

PRINCÍPIO 2
Escolha pensamentos e sentimentos positivos

Ser grato pela vida aqui e agora é o primeiro passo para criar uma vida de reconhecimento. O segundo passo nesse processo é escolher nossos pensamentos e sentimentos e focá-los em uma direção positiva.

Nosso foco tem muito a ver com nossas relações, com nossa capacidade de manifestar nossos objetivos e sonhos e com a visão que temos da vida de modo geral. Nossos pensamentos e sentimentos são aspectos essenciais de nossa capacidade de focar as coisas boas e reconhecê-las em nossas vidas.

O Princípio 2 não visa a incentivar uma imagem cor-de-rosa, do tipo Pollyanna das coisas. Estamos falando de escolher conscientemente nossos pensamentos e emoções, a fim de podermos criar as experiências, relações e a vida que realmente queremos. Escolher pensamentos e sentimentos positivos é fundamental para tornar o reconhecimento e a gratidão parte de como vivemos.

O poder dos nossos pensamentos

O conferencista e autor Mike Dooley diz: "Pensamentos se transformam em coisas; escolha as coisas boas."

Essa citação consegue resumir muito bem todo este capítulo, principalmente porque ela tem a ver com nossos pensamentos. Para vivermos uma vida de gratidão e reconhecimento, pensamentos positivos são fundamentais. Criar resultados, relacionamentos e experiências positivas diz respeito aos pensamentos que alimentamos. Cada um de nós já experimentou o poder dos pensamentos ao longo da vida.

Pensamento positivo
No verão de 1998, poucos meses depois de eu ser dispensado pelo Kansas City Royals, tive um encontro em Menlo Park, na Califórnia, com um homem chamado Vince Sakowski. Vince, ou V-Sak, como é conhecido pelos amigos, é uns quinze anos mais velho do que eu. Assim como no meu caso, ele também jogava beisebol em Stanford, foi convocado e ficou durante alguns anos na segunda divisão, até ser dispensado e ter de procurar "um emprego de verdade".

V-Sak é o motivador e incentivador não oficial da nossa comunidade de beisebol, em Stanford. Em outras palavras, quando acaba a carreira de jogador de beisebol — não importa se isso ocorre depois da faculdade, depois de alguns anos na segunda divisão ou até mesmo depois de uma carreira razoável na primeira divisão do beisebol profissional —, deve procurar V-Sak, e ele se sentará com você para bater um papo.

O motivo pelo qual todos nós ouvimos o que ele tem a dizer é que ele é um dos seres humanos mais apaixonados, positivos e genuinamente simpáticos que vai encontrar na vida. Não por acaso, ele também é um homem de negócios muitíssimo bem-sucedido, além de um grande investidor no mercado imobiliário.

Meu encontro com V-Sak naquele verão de 1998 foi tremendamente inspirador. Ele me recomendou alguns livros, como *O maior vendedor do mundo*, de Og Mandino, e também *Aprenda a ser otimista*, de Martin Seligman. Ele também me mostrou a importância de definir objetivos, determinar papéis, trabalhar muito e usar a concentração.

Ele disse: "Mike, você pode ser, fazer e ter qualquer coisa que queira. As habilidades, a ética e o foco com os quais aprendeu a lidar quando jogava beisebol trarão imensos benefícios para sua vida, desde que os utilize a seu favor". Em seguida, ele me perguntou: "Qual é o seu sonho? Que tipo de vida pretende viver?"

Eu não sabia exatamente como responder a essa pergunta. Então, ele pegou um pedaço de papel e começou a fazer uma lista. Ele me perguntou:
— Onde você quer morar?
— Em Bay Area, na Califórnia.
Em seguida, ele me perguntou:
— Você quer se casar? Ter filhos?
— Sim! — disse eu, depressa.
— Quando pretende se casar e quantos filhos você quer ter? — perguntou ele.
— Creio que gostaria de me casar quando estivesse com mais ou menos 30 anos, e gostaria de ter dois filhos — respondi.
— Que tipo de coisas gosta de fazer por diversão? — perguntou-me ele.
— Viajar, passar bons momentos em companhia da minha família, aprender e enfrentar desafios.
— Que tipo de trabalho quer fazer? — Ele quis saber.
Levei algum tempo para responder a essa pergunta. Tive um pouco de medo de dizer o que pensava em voz alta. Finalmente, soltei:
— Eu adoraria escrever livros de autoajuda, dar palestras e inspirar pessoas. Apesar de não saber exatamente como agir a essa altura da minha vida, eu consigo me ver fazendo exatamente isso daqui a uns cinco anos. Nesse exato momento, eu quero fazer algo divertido que me renda um bom dinheiro e me ensine habilidades importantes nos negócios e na vida.

Escolha pensamentos e sentimentos positivos

V-Sak continuou a me fazer mais perguntas desse tipo. Ao fim da nossa "entrevista" ele pôs em um papel uma lista de ingredientes para eu conseguir a vida que queria — onde eu queria morar, o tipo de família que eu queria construir, o tipo de trabalho no qual eu estava interessado, a quantidade de dinheiro que eu precisaria para alcançar o estilo de vida que almejava e mais. Foi muito divertido, um pouco assustador e muito inspirador conversar com ele; V-Sak demonstrava muita paixão e empolgação pelas coisas das quais falávamos. Perto do fim da nossa conversa, ele olhou para mim com ar sério e segurou o pedaço de papel com todos os meus objetivos e sonhos escritos nele.

Então disse:

— Mike, você pode alcançar todos estes objetivos, sonhos, e até mais do que isso. Você já tem tudo de que necessita — a instrução, a paixão, o talento, as habilidades de comunicação e o apoio. A única coisa que poderá impedi-lo de alcançar tudo isso, a única coisa que se interporá em seu caminho e tornará esses sonhos impossíveis é o seu próprio pensamento negativo. Você deve sempre manter seus pensamentos no nível positivo. Não perca seu tempo nem sua energia se preocupando, duvidando e se questionando, pois isso o tirará do jogo da vida e o manterá longe dos seus sonhos!

As palavras e os conselhos de V-Sak estavam certíssimos. Não sei se compreendi plenamente a sabedoria das coisas que ele me disse naquela ocasião, mas olhando para trás agora eu consigo enxergar o quanto ele foi perspicaz e quão poderoso foi o seu impacto positivo na minha vida e na minha carreira, bem como na minha maneira de pensar.

Lições de Norman Vincent Peale e Martin Seligman

Norman Vincent Peale escreveu o clássico dos clássicos na literatura de autoajuda, *O poder do pensamento positivo*, em 1952. Nesse livro ele nos apresentou os conceitos mais importantes a respeito do impacto que nossos pensamentos têm sobre nossas experiências, emoções e a realização na vida como um todo. Nesses últimos 55 anos, muitos mestres, autores e até cientistas trabalharam muito em cima desse conceito básico de pensamento positivo.

Monitorar nossos pensamentos e mantê-los no nível positivo o tempo inteiro não é uma coisa fácil de fazer, pois os pensamentos parecem ir e vir muito rapidamente e de forma muitas vezes aleatória. Entretanto, de acordo com Martin Seligman, ele mesmo, o pai e pioneiro da psicologia do positivismo e autor de um dos livros que V-Sak sugeriu que eu lesse, *Aprenda a ser otimista*, existem muitas coisas que podemos fazer não apenas para monitorar os nossos pensamentos, mas também, de forma mais específica, para tornar mais positivos e otimistas o nosso modo de pensar e ver as coisas. O campo da psicologia do positivismo vem ganhando muita atenção e reconhecimento ao longo dos últimos dez ou quinze anos. A psicologia do positivismo se foca no que está "certo" com as pessoas, em vez de no que está "errado" com elas.

Seligman define o otimismo como uma "reação à vida a partir de uma perspectiva de poder pessoal", enquanto o pessimismo é descrito como uma "reação à vida a partir de uma perspectiva de impotência pessoal". A psicologia do otimismo faz parte do campo da ciência cognitiva. Não se trata de mágica. De acordo com Seligman, o otimismo pode realmente ser aprendido e praticado, mesmo pelas pessoas que nunca se consideraram otimistas.

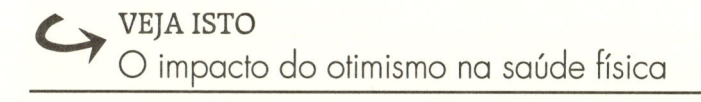

VEJA ISTO
O impacto do otimismo na saúde física

Martin Seligman e Gregory Buchanan, seu colega na Universidade da Pensilvânia, conduziram um fascinante estudo com calouros na faculdade a respeito do impacto do otimismo e do pensamento positivo na saúde dos estudantes universitários.

No estudo, os calouros que chegavam tinham de preencher um questionário projetado para refletir as suas atitudes a respeito das coisas de modo geral e também o seu comportamento de aceitação. Seligman e Buchanan convidaram os estudantes identificados como os mais pessimistas a participar do estudo. Os estudantes foram aleatoriamente encaminhados a uma oficina de otimismo e desenvolvimento de habilidades de aceitação cognitivas, com dezesseis horas de duração, enquanto os outros ficaram em um grupo de controle.

Os participantes da oficina aprenderam a lutar contra seus pensamentos negativos crônicos; também aprenderam habilidades positivas de trabalho e de socialização, capazes de evitar a depressão.

O estudo mostrou que os estudantes que participaram da oficina relataram menos problemas físicos e assumiram um papel mais ativo na manutenção da própria saúde. Em outras palavras, Seligman e Buchanan conseguiram estudar e provar que o otimismo tem um impacto significativo no bem-estar físico das pessoas.

Expectativas positivas
As expectativas muitas vezes têm uma conotação negativa. A palavra *expectativa*, por si só, já expressa isso; ela geralmente está associada à pressão que colocamos sobre nós mesmos ou que os outros colocam sobre nós para fazermos, sermos ou produzirmos algo específico. Entretanto, as expectativas positivas — não só as nossas, mas as dos outros e da vida em geral — são uma ferramenta valiosa que podemos utilizar para criar resultados, consequências e relações positivos.

Expectativas são tipos específicos de pensamentos utilizados para prever o futuro. Nossos pensamentos possuem uma frequência, uma energia e um impacto específicos. Existe uma grande quantidade de pesquisas, tanto científicas quanto circunstanciais, que provam que nossa expectativa a respeito de nós mesmos e dos outros desempenha um papel fundamental no resultado dos eventos. Quando estou trabalhando com clientes, sempre os incentivo a aumentar suas expectativas, pois muitas vezes as pessoas alcançam exatamente o que desejam, seja positivo, seja negativo.

Médicos no Centro Médico Batista da Universidade Wake Forest conduziram um estudo sobre o impacto das expectativas dos pacientes na percepção de dor. As pessoas que participaram da experiência receberam níveis diferentes de estímulos de calor, que por sua vez lhes provocavam diferentes níveis de dor. (Quero deixar claro que nenhum dos níveis utilizados eram altos o bastante para provocar queimaduras ou danos à pele.) Os pacientes receberam, dos médicos, expectativas diferentes sobre a quantidade de dor que iriam sentir. Quando os médicos lhes deram expectativas positivas (isto é, lhes avisavam que eles não iriam sentir muita dor), houve uma diminuição no nível da dor na faixa de 28%. Essa diminuição era similar à dos pacientes que receberam uma dose de morfina.

"Descobrimos que as expectativas têm um efeito surpreendentemente alto na sensação de dor", disse o Dr. Tetsui Koyama, médico com pós-doutorado e principal autor do estudo.

As expectativas têm um efeito poderoso nos resultados que alcançamos na vida. O Centro Médico Wake

Forest e muitos outros como ele continuam a provar que nossos pensamentos e expectativas promovem um impacto surpreendente na nossa saúde e no nosso bem-estar. Mais do que isso: nossas expectativas têm grande impacto na capacidade de atingirmos os objetivos, fazermos as coisas acontecerem e, por fim, reconhecermos nosso valor, bem como o dos outros. Falaremos mais a respeito do poder das expectativas positivas no Capítulo VI.

O poder dos nossos sentimentos

Na qualidade de seres humanos, somos criaturas emocionais. Nossos sentimentos são fundamentais para nossa experiência de vida e nas circunstâncias, relações e situações que criamos. Qualquer um que já tenha sofrido de depressão clínica, como é o meu caso, conhece o assustador e intenso poder das emoções e o impacto negativo que podem ter em nossa vida. Devemos lembrar, entretanto, que nossas emoções também podem ter um efeito incrivelmente positivo em nossas vidas. O desafio é que, para muitos de nós, nossas emoções são muito misteriosas e se modificam o tempo todo. Devemos, antes de qualquer coisa, enfrentar o poder e o impacto das nossas emoções e compreender a importância delas; somente então poderemos, de forma consciente, direcioná-las, expressá-las, e escolher de forma mais eficiente quais delas manter e vivenciar de forma regular.

Daniel Goleman, Autor do best seller *Inteligência emocional*, diz: "Oitenta por cento do sucesso na vida adulta é baseado em inteligência emocional" (Goleman acredita que a nossa inteligência emocional, que ele chama de QE) é mais importante do que o QI. O QE é, basicamente, a percepção das nossas emoções e a capacidade de lidar com elas de forma mais saudável e produtiva. Embora o conceito de QE venha se tornando cada vez mais aceito em nossa cultura ao longo dos últimos dez anos, ainda é, em grande parte, mal compreendido e mal reconhecido.

Um dos mais comuns mal-entendidos com relação a esse assunto é a noção de emoções "boas" e "ruins". Emoções como amor, alegria, felicidade, gratidão e paz são consideradas boas, enquanto emoções como ódio, raiva, tristeza, medo e ciúme são consideradas ruins.

Obviamente existem muitas diferenças entre essas emoções, e cada uma delas tem um impacto específico em nós seres humanos. Entretanto, é mais correto e eficiente evitarmos pensar nas emoções como boas ou ruins. Uma emoção é positiva quando é devidamente reconhecida e expressa. Uma emoção se torna negativa quando é negada, reprimida e não expressa.

Por exemplo, todos nós já tivemos experiências com algumas das chamadas emoções ruins. Pense nos momentos da sua vida em que o medo veio bem a calhar e o salvou de um dano qualquer em potencial. Ou nas vezes em que se sentiu muito zangado com alguém, teve a coragem de expressar isso à pessoa e, por fim, foi capaz de resolver uma questão importante na relação de vocês e que acabou por aproximá-los ainda mais. Nesses momentos nossas emoções "ruins" são muito úteis e importantes.

Precisamos ter cuidado em nossa busca de sentimentos e pensamentos positivos e, por fim, reconhecimento, para não negarmos simplesmente as coisas que consideramos negativas. Pelo contrário, conforme já discutimos nos Capítulos I e II, ao reconhecermos a negatividade que existe em torno de nós e (o mais importante) dentro de nós, temos a oportunidade de transformá-la nos pensamentos, sentimentos e resultados positivos que realmente desejamos.

O impacto positivo das nossas emoções

Embora seja mais exato e eficiente pensarmos nas emoções como positivas ou negativas dependendo de serem ou não devidamente expressas, em vez de associá-las ao nosso julgamento padrão de bom e ruim, é, todavia, muito importante, conforme acabamos de mencionar, perceber que emoções diferentes têm impactos diferentes em nós e nos outros. Considere isto:

- As emoções que normalmente consideramos boas (amor, paz, alegria, paixão, reconhecimento e assim por diante), geralmente têm uma qualidade de expansão e criatividade associadas a elas. Em outras palavras, elas fazem com que nos aproximemos mais uns dos outros

e possuem a capacidade de implantar resultados positivos em nossas vidas.
- As emoções que consideramos ruins (medo, ódio, raiva, tristeza, ciúme etc.) são, de modo geral, energeticamente mais restritivas e nos afastam de nós mesmos, uns dos outros e de nossos objetivos.

Outra área importante que é afetada pelas nossas emoções é o nosso corpo. Existem inúmeras pesquisas hoje a respeito do impacto das nossas emoções no nosso bem-estar físico. A ligação mente-corpo na medicina era considerada "alternativa", e agora, "complementar" e até mesmo fundamental para a compreensão do que são saúde e bem-estar. Mais até do que nossos pensamentos, nossas emoções desempenham o papel primordial na nossa saúde e bem-estar, bem como na nossa capacidade de ter sucesso, reconhecimento e realização na vida.

Quando nos percebemos conscientes das emoções, entramos em contato com elas e conseguimos expressá-las de forma genuína, temos acesso a todo o poder que contêm. Desenvolver essa conscientização emocional e a capacidade de reconhecer, expressar, transformar e escolher conscientemente as nossas emoções é um esforço para toda a vida. Existem muitas coisas que podemos fazer para alterar o nosso estado emocional e focá-lo em uma direção positiva. Lembre-se sempre de que isso não se trata de ignorar ou negar o que estamos sentindo; trata-se de reconhecer nossos sentimentos e escolher senti-los de uma forma particular.

Modificando o nosso "estado"

Quando estou treinando pessoas e elas estão se preparando para fazer algo importante — marcaram o primeiro encontro para sair com alguém, vão fazer uma apresentação importante, precisam ter uma conversa crucial com um membro da família ou amigo, vão participar de um seminário de vendas, trabalhar em um objetivo importante, ou qualquer outra coisa que exija delas coragem, foco e intenção positiva — falamos de "mudanças de estado".

Uma mudança de estado é algo que você pode fazer para alterar o seu estado mental e emocional de uma forma positiva. Existem muitas maneiras simples de alcançar isso; algumas delas você provavelmente já usou ao longo da vida. Aqui estão alguns exemplos das coisas que pode fazer para modificar seu estado emocional:

- Levantar e andar de um lado para outro.
- Rir alto.
- Berrar a plenos pulmões.
- Executar uma atividade física ou exercício qualquer (correr, caminhar, levantar pesos, andar de bicicleta, jogar basquete e assim por diante).
- Ouvir músicas que levantem o astral.
- Olhar para uma imagem, foto ou pintura que faça você se sentir mais feliz.
- Rezar ou meditar.
- Pensar em algo ou alguém que você ama.
- Recordar um momento positivo do passado.

Quaisquer das atividades dessa lista servirão para modificar seu estado de espírito e colocá-lo em uma posição emocional mais positiva, deixando-o pronto para fazer o que precisa, e fazer bem feito. Ao assumir um estado emocional mais positivo, você estará predisposto a alcançar um resultado positivo.

> ★ EXERCÍCIO
> **Mude o seu estado — agora mesmo**

Antes de começar, tire alguns segundos para anotar em um papel o estado emocional em que você se encontra neste exato momento. Depois disso, faça uma ou mais coisas da lista anterior (ou alguma outra coisa que funcione para você) a fim de modificar o seu estado emocional de forma positiva.

Depois de ter alterado com sucesso seu estado emocional, anote o que fez especificamente e como está se sentindo. O objetivo desse exercício é desenvolver um "repertório" de atitudes simples que você poderá tomar e que servirão para modificar o seu estado emocional de forma rápida e eficaz.

A lei da atração

Muito do que estamos analisando neste capítulo e que está relacionado com nossos pensamentos e sentimentos tem a ver com a *lei da atração*. Basicamente, a lei da atração determina que as coisas que são semelhantes atraem umas às outras. Em outras palavras, todos somos ímãs que atraem experiências, pessoas e circunstâncias para nós, em todos os momentos. Se focarmos a atenção em pensamentos e sentimentos negativos, iremos atrair mais situações e resultados negativos das outras pessoas e da vida. Do mesmo modo, se focarmos a atenção em pensamentos e sentimentos positivos, criaremos resultados positivos. Vemos isso acontecer todos os dias na vida.

Por exemplo, pense na última vez em que teve um dia realmente "ruim". Não importa se ele aconteceu há pouco ou há muito tempo, você certamente se lembra bem dele. A maioria dos dias "ruins" consiste de uma série de coisas ruins — e elas parecem ir se acumulando umas sobre as outras, certo? Frequentemente, pensamos no quanto nosso dia está ruim, nos obcecamos com as circunstâncias e comentamos os fatos uns com ou outros, conforme as coisas vão acontecendo. Isso, no fim, acaba por tornar tudo pior. É como se tivéssemos um cartaz pendurado no pescoço escrito: "Estou tendo um péssimo dia. Não se esqueça de ser grosso comigo, de me decepcionar e de me dar más notícias". Esse mesmo fenômeno ocorre quando estamos tendo um dia "bom". Quando as coisas estão correndo bem, pensamos em coisas positivas, nos sentimos bem e temos a tendência a perceber que mais coisas boas acontecem conosco.

Obviamente, talvez eu esteja simplificando demais. Não dá para afirmar que, em cem por cento das vezes, coisas boas acontecem quando estamos com um "bom astral" e coisas ruins acontecem quanto estamos de "baixo astral". Entretanto, se você lembrar com atenção das suas experiências e das de outras pessoas com relação aos dias "bons" e "ruins", ficará bastante óbvio que desempenhamos um papel ativo muito maior na criação das nossas próprias circunstâncias do que muitas vezes admitimos. Em outras palavras, *criamos a nossa própria realidade e atraímos tudo o que acontece conosco.* A maior parte das coisas boas ou ruins que nos acontecem existe em função dos nossos próprios pensamentos e sentimentos.

Outro exemplo de como a lei da atração funciona é a pessoa que está perto de você e sempre parece ter uma enorme quantidade de drama acontecendo na vida dela — sejam problemas com dinheiro, relacionamentos, emprego, família e assim por diante. É relativamente seguro afirmar que essa pessoa se liga à criação das circunstâncias dramáticas que cercam sua existência; afinal, ela é o denominador comum em todas as situações. De forma similar, pode ser que você conheça uma pessoa que pareça realmente "sortuda" o tempo todo — as coisas parecem favorecê-la e correr do jeito dela, não importa o que ela faça. O que acontece, na verdade, com as pessoas consideradas "sortudas", quer elas estejam conscientes disso, quer não, é que estão atraindo todas as circunstâncias positivas, os relacionamentos e as experiências em suas vidas, sempre baseadas em seus pensamentos e sentimentos.

A lei da atração em ação

Eu joguei beisebol em Stanford com um sujeito chamado Dan Reed. Dan e eu estávamos no mesmo ano na escola e ambos éramos arremessadores "de canhota". Quando estávamos no segundo ano, o desempenho de Dan foi tão bom que ele foi apontado como "ace" (melhor arremessador) do time. Isso deixou a maioria dos jogadores loucos, porque ele não era o cara mais talentoso da equipe. Em termos de "conteúdo" (que, no caso de arremessadores, diz respeito à velocidade, ao movimento e à qualidade dos arremessos), Dan não estava nem mesmo entre os melhores. Sua *fastball*, a bola mais rápida que conseguia arremessar, ficava na faixa dos 130 quilômetros por hora; sua bola de efeito era razoavelmente boa, mas os arremessos como um todo não pareciam nada de especial. Como era possível ele arremessar tão bem sem ter os elementos de "conteúdo"? Nós não conseguíamos descobrir.

Ao longo daquele segundo ano, a inveja coletiva e a confusão que se formaram na cabeça da maioria dos arremessadores em relação ao sucesso incontestável de Dan foram aumentando de forma exponencial. Porém, não apenas ele mostrou que era realmente o "ace" do nosso time, mas também acabou recebendo o prêmio de Arremessador do Ano da Confederação, o que nos levou ao título da conferência Pac-10 e nos colocou no Torneio da NCAA, da primeira divisão americana.

Em meio aos meus próprios acessos de inveja, fui reconhecendo em Dan algumas coisas que eu realmente respeitava e admirava. Em primeiro lugar, ele não desperdiçava tempo se preocupando com o que achávamos dele, do seu talento ou do seu sucesso. Ele era absolutamente focado. Em segundo lugar, tinha uma confiança absoluta na sua habilidade. Em terceiro lugar, conhecia como ninguém a lei da atração.

Dan se dirigia ao *mound*, o "morrinho" de onde o arremessador lança as bolas, e sempre esperava ser bem-sucedido, independentemente das "circunstâncias" sobre sua habilidade, a velocidade da sua *fastball* ou qualquer outra coisa. Dentro da sua cabeça, ele ia arremessar muito bem e ia vencer. Ele caminhava, falava e agia como se já tivesse vencido, antes mesmo do início do jogo. Aquilo não era falsa bravata; era confiança genuína. Surpreendentemente, ele conseguiu não só vencer, mas também construir uma carreira bem-sucedida no ambiente extremamente competitivo dos grandes times de beisebol universitários. Dan foi convocado pelos Orioles de Baltimore, e continuou a usar a lei da atração para criar sucesso para si mesmo no beisebol profissional. Embora suas lesões no braço, a falta de uniformidade no desempenho e o seu desejo de levar a vida em frente por outros rumos tenham acabado com a sua carreira no beisebol quando ele ainda estava na segunda divisão, o incrível sucesso que ele alcançou quando ainda estava nos grupos universitários de acesso foi realmente admirável. Um exemplo vivo da lei da atração em ação.

Visualização positiva

Uma das maiores estrelas olímpicas de todos os tempos foi o famoso Edwin Moses, que competia nas provas de atletismo. Ele obteve a medalha de ouro nos 400 metros com barreiras nas Olimpíadas de 1976, em Montreal, e também na de 1984, em Los Angeles. Provavelmente teria obtido o ouro olímpico em 1980 também, se os Estados Unidos não tivessem boicotado as Olimpíadas de Moscou. Entre 1977 e 1987, Edwin Moses conseguiu 122 vitórias consecutivas. Isso é que é arrasar com a concorrência!

Eu me lembro de que estava assistindo às Olimpíadas de 1984, em Los Angeles, pela tevê, e vi uma entrevista de Moses. Quando lhe perguntaram o que o tornava tão bem-sucedido ele respondeu que, além do seu talento, trabalho duro e treinamento sério, ele aprendera uma técnica de sucesso ainda muito cedo na carreira, e acreditava que era isso que determinava o seu desempenho excepcional durante tantos anos.

Essa técnica era o que ele descrevia como "visualização positiva". Em 1984, declarar isso não era tão comum quanto hoje em dia. Moses explicou que ele passava boa parte do tempo, durante o treinamento e antes de cada corrida, visualizando a si mesmo correndo de forma fácil e vencendo. Afirmou que pensava nisso, via o fato em sua mente e o sentia no seu *corpo*, ao visualizar todo o evento.

Ouvir Edwin Moses falar, em 1984, sobre a importância da visualização positiva foi a minha introdução a essa poderosa ferramenta mental e emocional. Desde então, utilizei a visualização positiva nos esportes, nos negócios e em todas as áreas da minha vida, bem como com muitos dos meus clientes, sempre alcançando resultados surpreendentes. Se você alguma vez na vida passou pela experiência de visualizar o que deseja, sabe que isso funciona com maravilhosa precisão. E, como tudo na vida, quanto mais você pratica a habilidade da visualização, mais fácil se torna o seu uso, e também mais eficiente.

VEJA ISTO
Dicas para visualizar e criar o que quer

1. Tenha uma ideia muito clara do que você quer — escreva tudo em um papel ou descreva em voz alta para outras pessoas.
2. Feche os olhos, sente-se ou recoste-se em uma posição confortável.
3. Respire fundo; relaxe a mente e o corpo.
4. Pense naquilo que quer.
5. Veja aquilo acontecendo exatamente da forma que quer que aconteça.
6. Sinta as emoções que associa com ser, fazer ou ter o que você deseja.
7. Mantenha esses pensamentos, visões e sentimentos durante pelo menos cinco minutos.
8. Abra seus olhos e "liberte-se" de sua ligação com o foco da visualização. (Em outras palavras, sinta que o universo vai lhe fornecer o que você quer.)

9. Seja grato pelas coisas que já tem e espere pelo que quer, pois, seja o que for, isso vai aparecer em sua vida.

Visualização positiva é uma das coisas mais eficazes que podemos fazer para utilizar o poder dos pensamentos e sentimentos a fim de criar exatamente o que queremos na vida. Praticar e dominar essa arte é uma forma maravilhosa de usar de forma consciente a lei da atração em nosso benefício e criar uma vida de genuíno reconhecimento.

PRÁTICAS POSITIVAS

A seguir, oferecemos algumas práticas positivas simples que você pode usar em sua vida para ajudá-lo a escolher pensamentos e sentimentos positivos.

1. Utilize a técnica de transmutação da negatividade. Quando estiver se sentindo em um momento especialmente negativo, utilize a técnica que expliquei em detalhes no fim do Capítulo II, na seção "Uma técnica para transformar sua negatividade". Escreva em um papel ou expresse em voz alta os seus pensamentos e sentimentos negativos, "limpe-os" e crie o que você quer.

2. Crie "quadros de visualização". Quadros de visualização são locais onde você prega textos ou imagens descrevendo ou simbolizando os objetivos e sonhos que deseja criar. Fazer uma colagem de imagens positivas que representam o que você quer trazer para sua vida — amor, sucesso, viagens etc. — é uma grande forma de estimular seus pensamentos e emoções. Espalhe quadros de visualização em seu escritório, em seu quarto ou em qualquer outro lugar onde você passe boa parte do tempo. Olhe para eles, pense neles e empolgue-se ao vê-los. Esses quadros são uma excelente maneira de aplicar a lei da atração e usar pensamentos e sentimentos positivos para manifestar o que você quer.

3. Pratique o ato de modificar seu estado de espírito. Pratique regularmente o ato de se pôr no estado mental e emocional mais positivo possível. Utilize qualquer uma das atividades mencionadas anteriormente neste capítulo, tais como escutar música que levante o astral, gargalhar bem alto, praticar exercícios físicos, berrar a plenos pulmões ou simplesmente se levantar. Veja como você se torna eficiente na tarefa de se pôr em excelente estado de espírito regularmente. Ser capaz de fazer isso a qualquer momento aumentará sua capacidade de permanecer positivo e atrair o que quer.

4. Rodeie-se de imagens, sons e pessoas positivas. Sempre e tanto quanto possível, rodeie-se de coisas e pessoas positivas. Certifique-se de que as imagens em seu espaço físico, a música que ouve, os programas de rádio e tevê que escuta e vê, os filmes que você vê e as pessoas com quem geralmente interage levantem seu astral, façam você se sentir bem e tragam energias positivas para sua vida. Embora provavelmente não vá conseguir criar um ambiente de energia exclusivamente positiva em torno de você, existem muitas coisas simples que você poderá fazer para criar mais imagens, sons e pessoas positivas, e eliminar as negativas. Por exemplo, veja e ouça menos noticiários no rádio e na tevê, assista a filmes alegres, que levantem o astral, e pregue citações inspiradoras no maior número de lugares que puder.

5. Modifique para melhor os seus pensamentos. Preste atenção aos seus pensamentos pelo máximo de tempo que conseguir. Quando reparar que surgiu um pensamento negativo específico, seja ele a respeito de si mesmo, de outra pessoa, seja da vida em geral, veja se consegue identificá-lo (citá-lo, falar sobre ele em voz alta ou escrever a respeito dele em um papel) e o substitua por um pensamento mais positivo e fortalecedor. Como acontece com o desenvolvimento de expectativas positivas, levará algum tempo para obter prática nisso. Envolva outras pessoas no seu programa — não só para obter apoio, mas também por simples diversão. Seja gentil consigo mesmo durante o processo; não faça julgamentos sobre si mesmo. Essa prática visa aumentar seu nível de percepção, para que passe a focar a atenção em pensamentos positivos.

Escolha pensamentos e sentimentos positivos

Este segundo princípio do reconhecimento, *Escolha pensamentos e sentimentos positivos*, é fundamental para trabalhar a nossa capacidade de apreciar uma vida de gratidão e plenitude. Nossos pensamentos e sentimentos determinam a forma de enxergarmos o mundo e experimentarmos nós mesmos e os outros. Ao criarmos pensamentos positivos e ao sentirmos emoções igualmente positivas, ativamos um estado interno da nossa mente e do nosso coração que nos permite enxergar mais do que existe para ser apreciado em nós mesmos, nos outros e no mundo à nossa volta. Manter os pensamentos e sentimentos positivos é um aspecto essencial para conseguirmos nos conectar com o poder completo do reconhecimento.

Agora que já analisamos em profundidade a importância da gratidão e de escolher nossos pensamentos e sentimentos, podemos passar para o Princípio 3, *Utilize palavras positivas*, para nos aprofundarmos no poder da palavra falada. As coisas que dizemos têm relação com o quanto de apreciação demonstramos em nossas vidas e o quanto somos efetivamente capazes de reconhecer os que estão ao nosso redor.

5

PRINCÍPIO 3
Utilize palavras positivas

Madre Teresa de Calcutá dizia: "Palavras gentis podem ser curtas e fáceis de pronunciar, mas seus ecos são verdadeiramente eternos." Eu gosto tanto dessa citação e acredito de tal forma na sabedoria dessas palavras que as coloquei no verso do meu cartão de apresentação; ela também aparece em todas as páginas do meu site na internet.

O Princípio 3 é *Utilize palavras positivas*. Esse princípio se aplica tanto à forma como nos comunicamos com os outros quanto às palavras que usamos para nos descrever, bem como à forma como geralmente descrevemos nossa vida e o mundo ao nosso redor.

O Princípio 1 está focado no poder da gratidão, e o Princípio 2 tem relação com os pensamentos e os sentimentos positivos. O Princípio 3 poderia ser intitulado "o poder de se expressar de forma positiva." A forma como nos comunicamos com as outras pessoas tem um tremendo impacto em nosso relacionamento com elas; as palavras que utilizamos para descrever a nós, a outras pessoas e a vida de modo geral têm grande impacto nas coisas que acontecem no nosso dia a dia e em como nos sentimos a respeito disso. Este capítulo explora alguns aspectos importantes sobre falar de forma positiva, como fazê-lo, o impacto que isso tem e por que é importante lutarmos para conseguir uma vida de gratidão, reconhecimento e plenitude.

O poder das palavras

As palavras são muito poderosas. Quando ainda éramos crianças, muitos de nós aprendemos a frase "O que vem de baixo não me atinge". Infelizmente, isso não é verdade, como todos sabemos.

As pessoas que nos ensinaram esse ditado — nossos pais, professores ou amigos — tinham boa intenção ao fazê-lo. Porém, infelizmente, esse ditado é infundado. Muitos de nós fomos, certamente, magoados muito mais pelas palavras dos outros, ao longo da vida, do que por agressões físicas. É triste, mas todos conhecem o poder que as palavras negativas podem ter sobre nós ou sobre nossas relações. Cada um de nós já disse coisas que magoaram outras pessoas, propositadamente ou não. E muitas vezes ouvimos alguém nos dizer: "Não foi o que você disse que me magoou, mas a forma como disse", não é verdade?

Esses exemplos, embora genéricos e um pouco negativos, nos fazem lembrar que as nossas palavras e o modo de dizê-las têm um grande impacto. A boa notícia é que elas também podem ter um impacto incrivelmente positivo. É importante compreender o poder das nossas palavras. Quanto mais conscientes e alertas estivermos a respeito delas, mais eficientemente poderemos usá-las para criar reconhecimento e realização plena na nossa vida e na vida das pessoas à nossa volta.

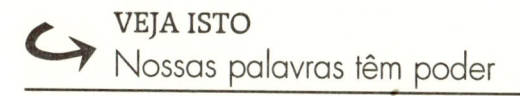

VEJA ISTO
Nossas palavras têm poder

No fantástico livro de Dom Miguel Ruiz, chamado *Os quatro compromissos*, ele ensina quatro princípios feitos para dar liberdade às pessoas. O primeiro desses compromissos é: "Seja impecável no que fala". Ao explicar esse princípio, o autor aconselha:

- Fale com integridade.
- Expresse apenas o que você realmente deseja expressar.
- Evite usar as palavras para falar contra você mesmo ou para fofocar sobre os outros.

- Use sempre o poder da sua palavra na direção da verdade e do amor.*

Nesse compromisso e em seu livro, Ruiz se refere tanto ao poder das palavras quanto à importância de falarmos sempre de forma positiva.

Comunicação positiva

Quando sou contratado por organizações de todo os Estados Unidos para apresentar palestras temáticas ou conduzir seminários, há um livro ao qual eu quase sempre me refiro: *Seu balde está cheio?*, de Donald Clifton e seu neto Tom Rath.

Clifton, que faleceu logo depois de publicar esse livro, em 2003, era conhecido como o avô da psicologia positiva. Ele, Martin Seligman e alguns outros foram os responsáveis pelo surgimento e pela importância da psicologia positiva nos últimos dez ou quinze anos. Clifton trabalhou para a organização Gallup de pesquisas estatísticas por quase 50 anos, e em grande parte desse tempo lidou com um grande e extraordinário trabalho relaciona-

---

* Trecho tirado do livro *Os quatro compromissos* © 1997, de Dom Miguel Ruiz. Reproduzido por permissão da Amber-Allen Publishing, Inc. P.O. Box 6657, San Rafael, CA 94903. Todos os direitos reservados. Esse título foi publicado no Brasil pela Editora *BestSeller*.

do com o fortalecimento e a motivação de indivíduos e grupos.

A metáfora do livro *Seu balde está cheio?* é simples: todos nós somos como baldes de água, e a cada vez que interagimos com outros seres humanos, estamos enchendo os baldes deles com mais da nossa substância (a nossa água) ou tirando, com uma concha, a substância (a água) dos baldes deles.

Isso é uma espécie de simplificação genérica das relações humanas, talvez, mas é uma metáfora clara e poderosa. Não importa se estamos ao telefone com o atendente do serviço de assistência ao cliente (SAC) de uma empresa, compartilhando uma xícara de café com alguém ou tendo uma conversa íntima com um amigo muito querido, estamos enchendo o balde da pessoa ou retirando substância dela através das nossas palavras, ações e atitudes. Precisamos estar atentos aos dois lados das nossas interações interpessoais. Quanto mais atentos estivermos, mais conscientes poderemos nos tornar a respeito de encher os baldes de outras pessoas e reparar em quem está enchendo os nossos baldes. O livro ensina técnicas simples sobre como ser mais positivos e enchermos os baldes das pessoas de forma mais consistente e eficaz. Ele também utiliza várias das pesquisas do Gallup para explicar como e por que falar de forma positiva beneficia tanto indivíduos quanto grupos.

Em *Seu balde está cheio?* os autores falam a respeito da "proporção mágica" nas interações positivas ou negativas entre as pessoas. Especialistas no campo da psicologia positiva estão descobrindo que a frequência das pequenas interações positivas é muito importante. De acordo com a pesquisa de John Gottman sobre casamentos, a "proporção mágica" do positivo sobre o negativo deve ser de 5 para 1. Gottman garante que os casamentos têm muito mais chances de dar certo quando o marido e a mulher mantém essa proporção mágica; quando ela chega a 1 para 1, existe uma grande probabilidade de divórcio.

Gottman e seus colegas conduziram um estudo com setecentos casais recém-casados, feito em 1992. Eles gravaram esses casais conversando entre si durante quinze minutos e contaram o número de interações positivas e negativas entre eles. Na base da teoria do 5 para 1, Gottman e seus colaboradores predisseram se cada casal continuaria casado ou iria se divorciar.

Em 2002, dez anos depois da experiência, eles fizeram um levantamento para ver o que acontecera. Surpreendentemente, eles haviam previsto os divórcios com 94 por cento de precisão. A partir da interação demonstrada por uma conversa de quinze minutos, feita com casais recém-casados, Gottman conseguiu prever a possibilidade de divórcio com precisão quase total.

Os resultados desse estudo são um poderoso exemplo da importância da comunicação positiva. Existem várias coisas simples que podemos fazer para sermos mais eficientes e positivos na nossa comunicação com outros.

Reconhecer claramente a existência de outras pessoas

Uma das formas mais simples e poderosas que podemos fazer para criar uma dinâmica de comunicação positiva com alguém é simplesmente reconhecer com clareza a existência desse alguém.

Quase sempre isso tem pouco a ver com qualquer coisa que possamos dizer. As pessoas desejam ser notadas, vistas, ouvidas e reconhecidas de forma clara. Ser capaz e estar disposto a prestar atenção e reconhecer a existência de outros é uma das maneiras mais básicas e fáceis de dar apoio, fortalecer e apreciar. No entanto, é uma das mais frequentemente negligenciadas.

Nossa vida hoje nos parece terrivelmente atribulada. Muitas pessoas se sentem tão estressadas que mal têm tempo de realizar suas tarefas e responsabilidades diárias, muito menos de apreciar e reconhecer claramente as pessoas que estão ao redor delas.

Entretanto, reconhecer com precisão a existência das outras pessoas nos toma pouquíssimo tempo. Olhar para alguém no fundo dos olhos, dizer "olá", fazer uma pergunta simpática e ouvir a resposta com atenção, ou simplesmente parar o que estamos fazendo para dedicar à outra pessoa um pouco da nossa atenção são formas básicas de reconhecer a existência das pessoas. Podemos fazer essas coisas todos os dias. Elas exigem pouco do nosso esforço, e podem fazer uma grande diferença para as pessoas em torno de nós.

Um exemplo simples, mas muito pungente, do poder de reconhecer a existência de alguém e criar uma ligação com essa pessoa acontece entre desconhecidos o tempo inteiro, todo dia, nas ruas da vida. É o que chamo de "o jogo de trocar de pista".

Ali está você em seu carro, tentando entrar no fluxo de uma rodovia movimentada, prestes a trocar de pista em um engarrafamento lento e desgastante. Às vezes as pessoas penetram com seus veículos no fluxo do trânsito de forma ordenada, como se fossem os dentes de um zíper que se encaixam suavemente. Muitas vezes, porém, a coisa não corre de forma tão precisa e organizada. Se você está tentando trocar de pista, pode ser que se aproxime com o carro o mais perto possível do fluxo onde quer penetrar e fique ali esperando que alguém lhe ceda a vez.

Como sabemos, a melhor forma de fazer isso é atrair a atenção do outro motorista, fazendo-o olhar para você; ele quase sempre o deixará passar. É preciso apenas um olhar do outro motorista e o caminho está livre para entrar. Se ele não olhar para você, há uma grande probabilidade de ele não deixar você entrar. Observando por outro ângulo, se você está em uma rodovia, alguém está tentando entrar na pista em que você está e que não pretende deixar, o que você faz? Simplesmente não olha para ele, certo? Você sabe que no momento em que demonstrar que percebeu a presença dele e fizer contato olho no olho com o outro, criará uma ligação instantânea — de ser humano para ser humano — e "terá" de deixá-lo passar, quer queira, quer não.

A chave para esse exemplo é a de que quando fazemos essa ligação e reconhecemos a existência de alguém olho no olho, pessoa a pessoa — mesmo que sejam estranhos em uma rodovia —, é criado um relacionamento natural que reluz, porque nesses momentos, geralmente, somos capazes de nos relacionar e perceber que somos mais semelhantes do que diferentes. Esse é o poder de simplesmente reconhecer a existência de alguém.

EXERCÍCIO
Reconheça a existência das pessoas nos próximos dias

Tire alguns instantes, nesse exato momento, para pensar no que vai acontecer nos próximos dias e nas interações em potencial que você vai experimentar. Faça uma lista na cabeça ou na sua agenda das pessoas com quem possivelmente vai entrar em contato. Você provavelmente vai interagir com amigos, membros da família, colegas, pessoas que vão lhe prestar algum serviço, estranhos na rua, gente que vai encontrar em filas e muitas outras pessoas. Essas interações podem ser feitas com uma pessoa, em grupo, ao telefone ou por comunicação escrita.

Nos próximos dias, veja se consegue desacelerar, ser paciente e se conectar com pessoas de forma mais genuína e autêntica. Olhe para elas nos olhos, pergunte-lhes como estão passando, chame-as pelo nome, escreva mais um pouco nos e-mails, dirija-se às pessoas pelo nome, faça-lhes uma pergunta ou simplesmente deseje-lhes um bom dia, de coração. Reconhecer a existência das pessoas é simples, poderoso e faz uma grande diferença.

Ouça as pessoas
Ouvir as pessoas é uma das regras mais básicas e importantes da comunicação positiva, e também da apreciação e do reconhecimento da presença de outras pessoas. Aqui, mais uma vez, isso nada tem a ver com falar, pura e simplesmente, mas tem tudo a ver com criar uma ligação positiva com outra pessoa e preparar um ambiente no qual o "falar" positivo e a comunicação possam ocorrer. Ouvir é a chave principal da comunicação. Ao ouvir as pessoas, você mostra a elas que se interessa por elas, que são importantes, e transmite a ideia de que o que dizem e quem são é o que realmente importa para você.

Você ouve os outros com atenção? Os outros prestam atenção ao que você diz? Para muitos de nós, por uma variedade de motivos, ouvir pode ser desafiador. Muitas coisas nos atrapalham. Normalmente, quando ouvimos alguém, não estamos realmente prestando atenção à outra pessoa; estamos muito ocupados prestando atenção ao "barulho" na nossa própria cabeça — nossas opiniões, nossos julgamentos ou até mesmo os pensamentos aleatórios que nada tem a ver com o que está sendo dito. Muitas pessoas tentam ouvir e fazem um monte de outras

Utilize palavras positivas

coisas ao mesmo tempo (em outras palavras, têm um comportamento multitarefa). Com mais frequência do que gostaríamos de admitir, ficamos loucos para o outro acabar de falar, a fim de termos chance de dizer o que queremos. Tudo isso nos impede de ouvir *de verdade* o que os outros estão dizendo, e, por consequência, isso nos impede de efetuar qualquer tipo de ligação verdadeira com eles. Não ouvir também cria uma falta de reconhecimento fundamental entre nós e a outra pessoa.

Aqui vai um bom exemplo da importância de saber ouvir.

Anthony é gerente de uma importante empresa de construção. Ele é responsável pela direção de grupos de operários em vários canteiros de obras. Todos os dias, participa de reuniões, dá instruções, discute questões de segurança e interage com muitos trabalhadores.

Um dia, depois da segunda e última palestra sobre reconhecimento e comunicação positiva que apresentei na sua empresa, Anthony me procurou para uma conversa em particular.

"Mike, aqueles exercícios que nós fizemos duas semanas atrás funcionaram maravilhosamente bem para mim. Eu não só comecei a usá-los com os rapazes nas obras que visito, mas também passei a usá-los na minha vida pessoal.

Meu sogro, Bill, veio passar o fim de semana em nossa casa logo depois da primeira palestra, e eu resolvi praticar a arte de ouvir com ele. Ele não é de falar muito, e, mesmo quando conversamos, não temos muito assunto. Entretanto, naquela noite resolvi dedicar toda a minha atenção a ele, fiz-lhe várias perguntas e me mostrei mais interessado nos casos que ele contava. A princípio, me senti como se estivesse "fingindo" um pouco, mas depois de algum tempo a coisa foi ficando mais fácil e fluiu. Quanto mais eu o ouvia e fazia perguntas, mais ele falava. De repente, ele começou a me parecer uma pessoa mais interessante.

Ele me contou coisas sobre a infância dele e histórias do tempo no exército que eu nunca ouvira antes. Muitas daquelas coisas a minha esposa também nunca soubera. Ele até mesmo demonstrou interesse em alguns dos meus assuntos — coisa que nunca aconteceu. Tivemos uma noite ótima, e eu senti que nós tínhamos nos conectado de um jeito que nunca aconteceu nos onze anos em que nos conhecemos.

VEJA ISTO
Dicas para ouvir de forma eficiente

- Avise às pessoas se tem tempo para ouvi-las ou não — e seja sincero.
- Se você deixar de ouvir o que alguém diz, informe à pessoa e peça para ela repetir.
- Esteja presente na conversa e totalmente focado nela (não faça outras coisas ao mesmo tempo).

- Deixe as pessoas terminarem de falar.
- Repita o que ouviu ou refaça o raciocínio delas. (Não se trata apenas de repetir, como um papagaio; reapresentar as frases que elas disseram mostra às pessoas que você realmente compreendeu o que foi dito.)
- Envolva-se, faça perguntas e ofereça comentários.
- Mostre-se aberto ao que está sendo dito, mesmo que discorde.

Mostre-se positivo ao oferecer feedback às pessoas

Muitos de nós nos vemos em posições nas quais precisamos dar um feedback às outras pessoas, sob a forma de informações ou opiniões pessoais. Para muitos de nós, na qualidade de pais, chefes, professores, mentores ou treinadores, dar um feedback faz parte do trabalho diário. Para outros, simplesmente gostaríamos de dizer-lhes o que achamos, a fim de lhes oferecer um "conselho amigo". Um feedback eficaz é muito valioso.

A maior parte de nós, no entanto, não se sai muito bem quando o assunto é oferecer feedback de forma produtiva e positiva. Existem alguns motivos simples para isso. Em primeiro lugar, às vezes ficamos com muito medo de ser totalmente sinceros; achamos que vamos magoar as pessoas. Em segundo lugar, oferecemos feedback e opiniões para pessoas que não querem isso, não estão abertas nem prontas, ou que não nos deram permissão para tal coisa. Em terceiro lugar, fornecemos feedback, opiniões ou conselhos que não ajudam e, muitas vezes, são até danosos. Na maior parte das vezes fazemos tudo isso de forma não intencional, mas acabamos por debilitar ou irritar os outros, do mesmo jeito.

No meu papel de orientador profissional e consultor pessoal, parte das minhas funções é a de oferecer feedback aos clientes — é para isso que eles me pagam e é para isso que contratam meus serviços. Embora eu lhes dê feedbacks com frequência, isso ainda é um pouco assustador para mim, e muitas vezes se mostra um desafio. Se queremos fortalecer a outra pessoa, ajudá-la a alcançar um resultado positivo, é essencial que o nosso feedback seja positivo.

Positivo não significa necessariamente "simpático". Entretanto, a positividade implica simpatia e implica também que o feedback seja orientado no rumo de uma solução. Às vezes, a natureza do feedback é negativa. Em outras palavras, a pessoa pode ter cometido um grande erro, desrespeitado uma regra importante ou se enganado ao fornecer uma informação a partir da qual poderíamos orientá-la melhor. Não importam as circunstâncias, temos sempre a capacidade de "encher os baldes" das pessoas mesmo lhes oferecendo feedbacks críticos.

Aqui estão alguns passos e pontos que você poderá usar para se certificar de que o seu feedback é eficaz e positivo.

1. **Peça permissão.** Faça questão de pedir permissão à pessoa, antes de lhe oferecer o feedback, e certifique-se de que ela está pronta para recebê-lo em um determinado momento. Mesmo que você seja o pai ou a mãe, o professor, o chefe, o mentor, o treinador ou amigo da pessoa e a permissão possa lhe parecer "óbvia", é importante respeitá-la, honrá-la e ter certeza de que a pessoa está aberta para ouvir o que você tem a dizer.

2. **Reconheça qualquer medo ou hesitação de sua parte.** Se estiver nervoso ou hesitante ao oferecer um feedback a alguém, certifique-se de reconhecer esse receio. Fazer isso é uma forma de se mostrar verdadeiro e vulnerável; vai ajudar a tirar um pouco o clima estranho da situação e fazer com que você relaxe um pouco e se conecte mais com a pessoa — de ser humano para ser humano.

3. **Deixe a pessoa conhecer as suas intenções positivas.** Esteja certo de deixar bem claro, logo de cara, o porquê de você estar oferecendo o feedback à pessoa e quais os resultados positivos que pretende obter a partir disso.

4. **Faça a pessoa saber que ela está indo bem.** Aponte as coisas que ela está fazendo certo e reconheça especificamente o seu valor por isso. Não é necessário "mascarar a verdade". Faça a pessoa saber dos pontos onde ela

está indo bem, para que ela não tenha a percepção do feedback como o de que "está tudo errado".

5. **Utilize afirmações com "eu".** Ao oferecer feedback a alguém, certifique-se de fazer com que a outra pessoa saiba que aquilo é apenas a sua opinião, e não a "verdade absoluta"; evite acusá-la de qualquer coisa e até mesmo de usar a palavra "você", se possível.

6. **Faça a pessoa saber o que você espera dela.** Certifique-se de ser muito claro a respeito das mudanças, ações ou dos resultados positivos que você gostaria de ver. Quanto mais for claro e positivo a respeito dos resultados que espera, mais a pessoa vai compreender o que você está dizendo, e maior a possibilidade de que um resultado positivo surja. Se o seu feedback simplesmente se focar no que a pessoa fez de errado e você não oferecer a ela nenhuma sugestão nem fizer nenhuma exigência sobre como mudar ou melhorar, ela não vai aproveitar nada de positivo do seu feedback. Faça tudo para manter a solução sempre focada no lado positivo.

7. **Reconheça o valor da pessoa.** Agradeça a pessoa por estar tendo essa conversa especial com você, por ouvi-lo, por se abrir e por prestar atenção ao que ouve e ao feedback que você está dando. Muitas vezes é preciso muita coragem para alguém ficar e escutar o que você

tem a dizer, especialmente se for uma crítica. Agradecer é uma maravilhosa forma de preencher a pessoa que ouve e se assegurar de que o seu feedback lhe parecerá positivo e produtivo.

Esses passos simples e pontos a lembrar são o que eu utilizo (nessa ordem) quando estou treinando os clientes, oferecendo-lhes feedbacks, mediando um conflito, liderando um seminário, ajudando a decidir questões entre pessoas, dando uma palestra ou resolvendo um problema pessoal com alguém. Quanto mais volátil for a situação, mais desafiador será utilizar esses passos e mais importante será lembrar-se deles. As chaves para oferecer um feedback eficiente são a sinceridade e a gentileza. Quando os apresentamos em primeiro lugar, aumentamos as chances de as nossas interações e conversas serem produtivas e positivas.

Fale de forma positiva a respeito de outros
Conforme discutimos no Capítulo I, as pessoas adoram fofocas, e as fofocas podem ser muito danosas para os indivíduos, as relações e os grupos. Para ser alguém que fale de forma positiva, reconheça as pessoas que estão em torno de você e viva uma vida de verdadeira gratidão e reconhecimento, você precisa evitar se envolver em fofocas. Isso não é fácil para a maioria de nós, porque a fofoca está ao nosso redor o tempo todo.

Uma das companhias para as quais eu prestei consultoria durante os últimos anos me convidou, a princípio, para trabalhar junto das suas equipes e para lhes explicar a respeito de alguns dos conflitos internos que existiam entre os membros dos grupos. Depois de algumas reuniões com certas pessoas-chave dentro da organização, tornou-se claro para mim que um dos maiores problemas na empresa era a fofoca. Havia muito "disse-me-disse" ali, e muitas pessoas das várias equipes não se davam bem umas com as outras. Havia tanto questões pessoais entre certos colegas, como questões organizacionais, das quais muitos reclamavam.

O processo de resolver essas questões não foi fácil — aquilo me tomou grande parte do tempo e exigiu compromisso e coragem por parte de todas as pessoas envolvidas. Entretanto, a solução acabou sendo simples. Depois que todo o mundo conseguiu ser sincero, aberto e direto, deixou de dar ouvidos a boatos, espalhar fofocas e realmente "ouviram" uns aos outros, todos foram capazes de ver que suas diferenças e questões não eram tão grandes e intransponíveis quanto se acreditava inicialmente.

Eles também conseguiram ver que a maior parte do que estava provocando e perpetuando os conflitos era a falta de comunicação direta e a insistência em manter a fofoca improdutiva. Ao serem capazes de sentar-se, criar algumas regras básicas, montar um "espaço seguro" e conversar sobre os problemas de forma produtiva e positiva, todos conseguiram, de um jeito relativamente fácil, começar a resolver os problemas e criar novas ideias sobre como seguir em frente.

Uma história de reconhecimento

Como Leslie aprendeu a ser positiva
Leslie é uma mulher que percebe por completo o poder das palavras positivas e o impacto que têm sobre os outros. Ela e o seu marido, Jim, estão juntos há cerca de dez anos. Eles têm dois filhos e, nas palavras dela, "um relacionamento fabuloso, amoroso e apaixonado".

Leslie diz:

"Quando Jim e eu nos conhecemos, eu tentava consertar várias coisas nele. Vivia dando um monte de conselhos sobre como ele poderia tornar melhores as coisas no nosso relacionamento e na vida em geral.

Reparei que essa abordagem não estava dando certo e notei que ele parecia ficar aborrecido e desencorajado. Vi que estávamos começando a nos distanciar um do outro. Foi então que aprendi novas formas de interagir com ele. Em vez de dizer o que ele "devia" fazer, comecei a dizer o que eu "queria", sempre me lembrava de reconhecer e valorizá-lo pelo que ele estava fazendo, e sempre avisava quando ele fazia coisas que me deixavam feliz. De modo geral, eu procurava me focar nos pontos fortes dele, nas coisas de que eu gostava e no que eu queria. Se ele não fizesse

> o que eu queria, não ficava revoltada com ele por isso; simplesmente tornava a pedir e continuava a reconhecer o seu valor, de forma gentil."
>
> Jim diz:
>
> "Eu amo a minha esposa. É bom estar com uma mulher que sabe o que quer, pede por isso, me reconhece e me aprecia com sinceridade. Sou um homem de sorte."

Fale a respeito de si mesmo de forma positiva
Quando falamos a respeito de nós mesmos, esse é, provavelmente, o momento mais importante para nos certificarmos de que somos positivos com nossas palavras. Infelizmente, nossas palavras a respeito de nós mesmos — tanto as na nossa cabeça (pensamentos) quanto as que dizemos em voz alta — são, muitas vezes, excessivamente negativas. Conforme já discutimos no Capítulo II, a nossa negatividade em relação a nós mesmos é um dos maiores obstáculos para sermos felizes, plenos e bem-sucedidos. Ao falarmos de forma positiva a respeito de nós e de nossa vida, isso tem um grande impacto na nossa autoestima, nossa confiança, e, finalmente, no que somos capazes de criar na vida.

Em dezembro de 2000, eu estava indo a Dallas para o casamento de um dos meus antigos companheiros de time de beisebol em Stanford. Embora eu estivesse empolgado por ele estar se casando e ter me convidado para assistir à cerimônia, estava também nervoso por me encontrar novamente com os meus antigos colegas de equipe. Já fazia dois anos desde que a minha carreira no beisebol acabara e eu havia sido despedido poucos meses antes. Foi a época do estouro da bolha das empresas de internet.

Sabia que muita gente no casamento iria me perguntar: "Como vão as coisas, Mike?" e eu não saberia o que dizer nem como me sentiria ao responder a essa pergunta.

Jason, o meu amigo que estava para se casar, se tornara um jogador profissional de beisebol e estava indo muito bem em sua carreira, assim como muitos dos meus ex-colegas de time. Vários dos rapazes que haviam parado de jogar, por sua vez, desfrutavam empregos bem-sucedidos e bem remunerados nas áreas de imóveis, finanças ou consultoria. Eu me sentia um fracasso em comparação a muitos daqueles antigos colegas.

Conversei com a minha esposa, Michelle (na época ainda éramos namorados), a respeito de alguns desses medos. Disse a ela:

"Estou me sentindo muito inseguro de ir a Dallas e rever todos aqueles antigos colegas. Quando eles me perguntarem o que eu estou fazendo, não sei o que poderei dizer além de "estou duro e desempregado."

Michelle olhou fixamente para mim e exclamou:

"Não diga isso! Nunca mais diga isso a respeito de si mesmo! Lembre-se do poder das suas próprias palavras. Você não está desempregado. Sim, eu sei que foi despedido há alguns meses e no momento está sem emprego, mas você resolveu o que pretende fazer da vida. Está seguindo o seu coração ao desejar dar palestras, atender pessoas e escrever. Você tem uma paixão e uma visão inspiradoras. Você não está desempregado, está simplesmente dando início ao próprio negócio."

As palavras dela me atingiram como um monte de tijolos caindo na cabeça. O que ela dizia era verdade, mas até aquele momento eu não havia pensado nas coisas que planejava nem no fato de estar seguindo a minha visão e intuição, dando início verdadeiramente ao meu próprio negócio.

Michelle me fez lembrar o poder das minhas palavras e me desafiou a "aprimorar" as palavras que costumava usar para me descrever, bem como ao meu trabalho e a minha vida.

Fui àquele casamento em Dallas e, embora precisasse treinar um pouco, acabei por compartilhar a minha visão e paixão por dar palestras e servir de "treinador" e consultor de pessoas. Contei aos meus amigos da faculdade a respeito do negócio que estava dando início como palestrante profissional e na área de consultoria. Meu medo era que eles fossem rir de mim, ou que eu me sentisse idiota falando a respeito daquilo.

Para minha surpresa, porém, quanto mais eu falava a respeito, mais poder e confiança ia sentindo. Praticamente todos os meus amigos ficaram muito empolgados, me deram apoio e se sentiram inspirados pelo que eu estava fazendo. Analisando agora, em retrospectiva, dá para ver que a conversa com Michelle, a minha determinação em falar de forma positiva a respeito de mim mesmo e da minha visão, e a coragem que eu tive para partilhar tudo com meus amigos, embora ainda me sentisse apavorado e inseguro na época, representaram um momento de virada na minha vida e foram o trampolim para o lançamento do meu trabalho.

Nossas palavras são poderosas, e é essencial que pensemos e escolhamos cada uma delas com consciência, principalmente quando falamos sobre nós mesmos. Temos o poder de literalmente criar nosso mundo com as palavras que pronunciamos. Diante disso, não faz sentido que sempre devamos falar a nosso respeito e de nossas vidas de forma positiva? É claro que sim!

PRÁTICAS POSITIVAS

A seguir, há uma lista de atitudes que você deve tomar, a fim de se beneficiar da forma positiva ao falar.

1. Crie "áreas livres de fofoca" em sua vida. Essa é uma grande prática que pode utilizar em casa, no trabalho ou em qualquer outro grupo ou ambiente que deseje. Uma "área livre de fofoca" é um lugar onde você e os que estão ao seu redor se comprometem a não fofocar sobre ninguém. A partir dessa premissa, você poderá lembrar ao outro, de forma gentil, sobre a proposta básica do local, caso alguém se esqueça e comece a fofocar. Em uma "área livre de fofoca", você e as pessoas à sua volta se comprometem a falar sempre de forma positiva a respeito de outras pessoas. Se tiver uma questão ou reclamação a respeito de alguém, deverá conversar diretamente com essa pessoa, pedir algum apoio ou feedback de uma terceira pessoa a respeito de como resolver o problema de forma direta ou simplesmente esquecer o assunto.

2. Faça um "jejum de reclamação". Esse é um compromisso que você faz de não reclamar de nada por um determinado período de tempo. Você pode começar com um dia, depois ampliar a prática para uma semana ou até um mês, se quiser se desafiar. Durante esse período de tempo, você se compromete a não reclamar em voz alta a respeito de nada. Isso pode ser realmente desafiador, mas é muito gratificante. Durante o processo, vai ensinar a si mesmo a falar de forma positiva, sem perder tempo e energia preciosos em reclamações. Uma excelente maneira de pôr isso em prática é pedir a alguém de fora, ou mesmo um grupo de pessoas, que partilhem essa experiência com você. Ter outras pessoas envolvidas vai criar um clima de responsabilidade e apoio.

3. Fale a respeito de si mesmo de forma positiva. Esse é um exercício constante, e deverá ser feito a vida inteira. O primeiro passo é reparar nas coisas negativas que diz a respeito de si mesmo em voz alta e parar de dizê-las. Pode ser que você tenha de se segurar e se corrigir algumas vezes, no início. Ao fazer isso, a prática passará a verificar com que frequência será capaz de falar de si mesmo e da sua vida de forma positiva. Não se trata de se vangloriar. É uma questão de reconhecer seu próprio valor e usar o poder das palavras para criar uma vida na qual você verdadeiramente acredite.

4. Comunicar os seus objetivos e visão de vida com uma linguagem positiva. Escreva em um papel quais são os seus grandes objetivos e sonhos em uma linguagem positiva. Coloque-o em algum lugar onde possa vê-lo todos os dias. Se já fez isso, dê uma olhada nos seus objetivos e certifique-se de que todos eles estejam escritos em linguagem clara, poderosa e objetiva. Ao falar de seus objetivos, projetos e visões com outras pessoas, faça isso desse mesmo jeito. Em nível particular, crie uma lista de objetivos pessoais e profissionais para o período de um ano, e faça isso todos os anos. Eu também tenho minha visão e meus planos para daqui a cinco anos devidamente escritos, impressos e colocados bem diante de minha mesa de trabalho, no escritório. Muitos de meus clientes fazem a mesma coisa. O aspecto mais importante na atividade de criar, escrever e falar a respeito dos seus objetivos é que você pode expressá-los em uma linguagem positiva — focando exatamente no que quer.

5. Fale sobre o que você quer, e não sobre o que *não quer*. Preste atenção às coisas sobre as quais conversa com as outras pessoas. Tente sempre mudar rapidamente o foco da conversa dos elementos que não quer para aqueles que quer. Pode ser que você fale a respeito de um conflito, de um objetivo, ou de qualquer outra circunstância ou situação aleatória. Utilize o poder das próprias palavras e a lei da atração para se focar e falar a respeito do que quer, e *não* do que você não quer. Essa é outra prática constante que deverá ser feita a vida inteira. A questão é se tornar mais consciente e alerta sobre o que está pensando e falando. Lembre-se sempre de que as nossas palavras têm o poder de criar, e não apenas descrever.

O Princípio 3: Utilize palavras positivas trata do poder da palavra falada, do impacto que as nossas palavras têm sobre os outros, sobre os nossos relacionamentos e quanto é importante, para nós, falarmos a respeito de nós mesmos, dos nossos objetivos e da própria vida de uma forma positiva. Agora, estamos prontos para passar para o Princípio 4: *reconheça o valor dos outros.* Levaremos o poder das palavras positivas para o próximo nível e nosso foco será o quanto podemos ser verdadeiramente inspiradores, fortalecedores e gratos aos outros através da demonstração do nosso reconhecimento.

6

PRINCÍPIO 4
Reconheça o valor dos outros

O Princípio número 4: *reconheça o valor dos outros*, agrega os três primeiros princípios (*seja grato, escolha pensamentos e sentimentos positivos e utilize palavras positivas*) e os põe trabalhando juntos de maneira focada, de forma a dar mais poder aos outros, fortalecer nossas relações e nos lembrar da grandeza que existe dentro das pessoas e também dentro de nós mesmos.

Valorizar os outros é uma das melhores coisas que podemos fazer para provocar um impacto positivo nas pessoas à nossa volta, bem como para trazer e integrar o poder do reconhecimento em nosso cotidiano, nossas relações e em qualquer grupo ou equipe no qual passemos algum tempo.

Outra grande citação de Madre Teresa de Calcutá é: "Existe mais fome de amor e valorização no mundo do que de pão". As pessoas estão morrendo de fome destes alimentos: reconhecimento e valorização. Nós temos a capacidade de lhes oferecer essa dádiva regularmente e de forma genuína.

Este capítulo fala da arte, da magia e do poder de valorizar as outras pessoas. Vamos ver porque a valorização das pessoas pode ser tão difícil, bem como os tipos diferentes de valorização, como valorizar as pessoas de forma eficiente e genuína, além do impacto positivo que tudo isso tem em nós e nos outros. Esse princípio (*reconheça o valor dos outros*) e o Princípio 5 (*reconheça o seu próprio valor*) são dois elementos fundamentais de todo o meu trabalho. Geralmente é para falar disso que sou chamado para dar palestras em grupos e organizações. Valorizar as outras pessoas e apreciar a nós mesmos são os elementos essenciais para levarmos uma vida realizada e cheia de gratidão.

Por que valorizar os outros pode ser difícil

Valorizar é uma arte e uma habilidade que todos têm condição de aprender e dominar, mas muitos de nós nunca tivemos tempo nem interesse em nos tornar mestres na arte de valorizar as coisas e as pessoas. Como a lista que vem em seguida mostra, existem vários motivos para não sermos muito bons quando se trata de valorizar os outros. Entretanto, o que se vê aqui, bem no fundo, é que muitas pessoas poderiam se sair melhor quanto a mostrar aos outros como são valorizados e reconhecer o incrível impacto positivo que tiveram em sua vida.

- Focamos muita da nossa atenção nas coisas que não gostamos nas pessoas.
- Não queremos que as pessoas pensem que as estamos "bajulando".
- Elas estão simplesmente "fazendo o seu trabalho" ou "fazendo o que deviam mesmo estar fazendo", então por que devemos valorizá-las de forma tão especial?
- Valorizar os outros às vezes pode nos parecer "banal" ou simplesmente esquisito.
- Nós não sabemos como valorizar as pessoas de uma forma significativa e eficiente.
- Achamos que as pessoas vão estar sempre com a gente e não percebemos o quanto as valorizávamos até elas irem embora de nossas vidas.
- Estamos sempre esperando que as pessoas façam as coisas *exatamente* do jeito que queremos, antes de mostrar que as valorizamos.
- Viemos de uma família, cultura ou geração que não costumava valorizar as pessoas abertamente.
- Valorizar os outros muitas vezes é encarado como sinal de fraqueza ou ingenuidade.

- Somos egocêntricos demais para reparar no que as pessoas estão fazendo ou no impacto que estão tendo em nossa vida.
- Somos tão críticos conosco que acabamos nos tornando críticos em relação a todas as outras pessoas.

Ao ler essa lista, você provavelmente encontrou vários exemplos nos quais se encaixa. Qual desses "motivos" usa com mais frequência para não valorizar as outras pessoas? Todos temos muitos deles. Embora eu respeite e reconheça todos esses motivos e saiba que para a maioria de nós eles parecem "verdadeiros", nada mais são do que desculpas, e no final das contas nenhum deles vale as coisas que perdemos quando não mostramos às pessoas o quanto as valorizamos.

O que a valorização não é

Um dos muitos motivos para a valorização dos outros ser algo tão difícil ou desafiador é que muitas vezes isso é mal-interpretado ou feito de forma manipuladora. Antes de começarmos a falar sobre o que a valorização representa e quanto ela é eficiente, temos que falar sobre o que ela não é. A valorização *não é*:

- Usar meias palavras.
- Ser simpático e "legal".

- Bajulação.
- Fazer bem para o ego de alguém.
- Tentar conseguir algo especial de alguém.

Se a sua motivação para a valorização de alguém for basicamente algum interesse pessoal, e você espera por algum resultado particular dessa pessoa, não se trata de valorização autêntica — é manipulação.

O que a valorização *é*

Exposto de forma simples, a valorização é qualquer ato de reconhecimento de outras pessoas que parta de nós. Conforme discutimos em capítulos anteriores, olhar as pessoas nos olhos, ouvi-las, fazer-lhes perguntas sinceras e muitas outras ações simples fazem parte da categoria de valorização. Com relação a este capítulo, vamos focar em valorizações que surgem sob a forma de atos específicos de gratidão, agradecimento e reconhecimento que expressamos a outras pessoas.

Valorização, do mesmo modo que a gratidão e outros aspectos do reconhecimento, é fundamentalmente subjetivo. O que apreciamos nas outras pessoas e o que escolhemos expressar a elas depende de nós, e isso é baseado em nossos próprios valores, crenças e preferências. Embora exista uma variedade de maneiras através das quais possamos valorizar as pessoas, há basicamente dois tipos principais de valorização: a reativa e a outra, proativa, ou feita por antecipação.

Valorização reativa
A valorização reativa é muito comum, e é nisso que a maioria de nós pensa quando ouvimos a palavra *valorização*. Alguns exemplos de valorização reativa são:

- O reconhecimento por um trabalho benfeito.
- Prêmios formais.
- Bônus monetários baseados em resultados.
- Cartões de agradecimento por presentes.
- Elogios.

A valorização reativa é muito importante e representa um aspecto crucial na nossa capacidade de celebrar, apreciar e expressar gratidão pelas pessoas. Para conseguirmos integrar o poder da valorização em nossas vidas diárias, nos relacionamentos e grupos dos quais fazemos parte, ser bom em agradecer de forma reativa, valorizando as pessoas, é essencial.

Conforme a lista de exemplos mostra, a valorização reativa é sempre baseada em alguma coisa que alguém já fez. Ela é sempre baseada em desempenho ou comportamento, e muitas vezes está focada no que as pessoas fazem e não em quem elas são. Sendo reativa, ela põe toda a responsabilidade sobre os outros, e nos sobra apenas reagir a elas e ao que fazem. Analisando unicamente pela perspectiva da valorização reativa e apenas observando os resultados de outra pessoa, alguém poderia dizer: "Não há nada para valorizar naquela pessoa, porque ela não é uma figura grandiosa, não fez nada de especial e não fez nada para merecer o meu reconhecimento", e essa afirmação poderia ser considerada verdadeira.

Valorização proativa
O mundo da valorização proativa, ou por antecedência, é totalmente diferente. A valorização por antecedência nos põe no lugar de "reconhecedores", um ponto central e de muita responsabilidade. Nós passamos a ser responsáveis por procurar, encontrar e declarar, antes de qualquer motivo, de que gostamos, o que apreciamos e admiramos na outra pessoa. Isso significa que fazemos isso muitas vezes sem nenhuma razão aparente, e não necessariamente por algo que a pessoa tenha feito. Além disso, fazemos de forma genuína, criativa e passional.

Conforme discutimos ao longo de todo este livro, o nosso foco, a nossa atenção, os pensamentos, os sentimentos e as perspectivas não determinam apenas quanto percebemos da vida, mas também quanto temos a capacidade de atrair pessoas, situações e circunstâncias específicas para nós. Isso significa que quando valorizamos de forma proativa, antecipadamente, as qualidades específicas e as ações das quais gostamos, desejamos ou admiramos em outras pessoas, na verdade estamos trazendo e manifestando essas qualidades e ações positivas, tanto naqueles a quem valorizamos como na vida, de modo geral. A valorização por antecedência é muito poderosa e pode ser mágica e transformadora em nossos relacionamentos.

> **VEJA ISTO:**
> Uma grande citação a respeito de valorização por antecedência

---

"Lembre as pessoas de quem elas são, em vez de simplesmente elogiá-las pelo que fizeram. Elogio e valorização são ótimos, mas é como dizer a um cão que ele abana a cauda muito bem. A ideia é focar na pessoa que existe por trás da vitória ou da resolução do problema. É a distinção fundamental de 'quem' versus 'o que'. Quando você ajuda as pessoas a entrar mais em contato com quem são, todas produzirão melhores resultados. Se você se focar básica e unicamente nos resultados, o próximo passo será esperar que a cauda abane o cão."

— *Thomas J. Leonard, fundador da Coach U e da CoachVille (duas das maiores organizações de consultoria em recursos humanos em todo o mundo).*

Outro aspecto importante da valorização por antecedência é que você não está sempre ligado a resultados ou consequências. Compreender isso vem bem a calhar quando queremos valorizar ou apreciar alguém que falhou. Embora a noção de valorizar alguém quando ele ou ela fracassou possa parecer ilógico para alguns de nós, esse é, muitas vezes, o momento mais importante para expressarmos a nossa apreciação e reconhecimento em relação aos outros.

Os mais eficientes gerentes, líderes, orientadores, pais e mentores que eu conheço e com os quais trabalho compreendem isso. Eles sabem que quando alguém fracassa, esse não é o momento de oferecer à pessoa críticas e feedbacks construtivos, muito menos de deixá-la sozinha. Quando as pessoas fracassam, elas geralmente precisam de alguém que as coloque para cima, que encha a sua bola e lhes dê apoio de forma positiva. Justamente pelo fato de elas, provavelmente, estarem sendo duras consigo mesmas, a melhor coisa que podemos fazer nesses momentos é encontrar algo nelas que possamos genuinamente valorizar. Embora não possamos valorizar os resultados, quase sempre podemos valorizar seus esforços e, evidentemente, podemos valorizá-las como seres humanos.

Como valorizar pessoas

Todos sabemos como agradecer, como fazer elogios a alguém e como dar tapinhas nas costas das pessoas como reconhecimento por um bom trabalho. Entretanto, valorizar os outros significa algo diferente. É mais uma espécie de arte do que simplesmente o conjunto de processos, movimentos e ações de reconhecimento. Embora não exista uma única forma "correta" de valorizar as pessoas, existem muitas coisas que podemos fazer e praticar, que permitem que nos tornemos mais confortáveis, influentes e bem-sucedidos na arte de valorizar os outros.

O aspecto mais importante na arte de valorizar as pessoas é a nossa intenção. Se a nossa intenção for amá-las, apreciá-las, preenchê-las ou demonstrar quanto estamos gratos por elas serem quem são, pelo que fizeram e pelo impacto que exerceram sobre nós, não há como errar na medida da nossa valorização.

As seções que vêm a seguir descrevem os cinco mais importantes aspectos da arte de valorizar as outras pessoas de forma eficiente:

1. Busque as coisas boas e espere encontrá-las nos outros.
2. Seja genuíno e comunique-se com o coração.
3. Agradeça às pessoas de um jeito pessoal.
4. Elogie as pessoas e mostre-lhes o impacto positivo que tiveram sobre você.

5. Agradeça e valorize as pessoas mesmo que não haja nenhuma razão aparente.

Lembrando sempre desses cinco itens, você será capaz de tocar o coração das pessoas que deseja verdadeiramente valorizar.

Busque as coisas boas e espere encontrá-las nos outros

As nossas expectativas têm grande impacto nas outras pessoas. Para que as apreciemos, inspiremos e, por fim, sirvamos para fortalecê-las, devemos criar expectativas positivas em relação a elas. Sempre que converso com gerentes, chefes, professores e outros profissionais cujo trabalho inclui liderar ou influenciar pessoas, geralmente eu lhes digo: "Você quase sempre conseguirá exatamente o que espera das pessoas — então espere sempre o melhor."

Ter expectativas elevadas em relação aos outros pode ser meio complicado. Todos já "quebramos a cara" ou fomos magoados por pessoas, geralmente nos momentos em que esperávamos alguma coisa específica delas e elas não corresponderam à nossa expectativa. Além do mais, alguns de nós sabemos que as expectativas muito elevadas em relação aos outros põem muita pressão e estresse neles e, no final, acabam tendo um efeito negativo e enfraquecedor. Existe uma linha muito tênue entre criar expectativas positivas que fortalecem as pessoas e fazer exigências perfeccionistas que pesam sobre elas e as deixam estressadas, impedindo-as de alcançá-las.

A fim de causar um impacto positivo sobre as outras pessoas, devemos trabalhar dentro de nós mesmos o equilíbrio entre a expectativa e a pressão, e ajustá-los de acordo com a nossa personalidade, nossos relacionamentos com as outras pessoas e as diversas situações. Independentemente dos ajustes que façamos, é importante compreendermos a importância e o impacto das nossas expectativas positivas sobre os outros.

Se você esperar que as pessoas falhem, deixem você na mão, sejam idiotas, desrespeitem você e assim por diante, adivinhe o que quase sempre vai encontrar... Por outro lado, se esperar que as pessoas sejam fantásticas, façam as coisas certas, tratem você bem, cumpram suas tarefas, honrem os acordos que fizeram e sejam bem sucedidas, há maiores chances disso acontecer.

Uma das primeiras pessoas para quem prestei consultoria foi uma mulher chamada Emily. Ela me perguntou se eu poderia ajudá-la com um importante objetivo que ela se propusera. Emily era uma cantora de ópera e queria largar seu emprego em São Francisco, mudar para a Europa e se tornar uma profissional do *bel canto* em tempo integral. Esse era o seu maior sonho na vida. Vendo o quanto ela era apaixonada e determinada, tive poucas dúvidas de que ela alcançaria seu objetivo. Em outras palavras, as minhas expectativas sobre Emily eram muito elevadas; eu sabia que ela ia conseguir o que queria.

Emily me falou dos passos que precisaria dar a fim de tornar seu sonho realidade. Sabia exatamente o que precisava fazer, simplesmente tinha alguns receios e dúvidas sobre sua capacidade de fazer as coisas acontecerem. Ela achava que não conseguiria juntar o dinheiro necessário para a viagem em busca dos testes. Tinha preocupações a respeito do seu domínio sobre a língua alemã não ser bom o bastante para se comunicar com as pessoas nos grandes teatros que visitaria. Preocupava-se também com a possibilidade de não conseguir achar lugares onde ficar na Europa enquanto estivesse fazendo os testes.

No fim de três meses de consultoria comigo, nos quais eu continuava a manter elevadas minhas expectativas e minha fé nela, Emily entrou em contato com quarenta teatros de ópera, marcou doze testes, juntou mais de US$ 10 mil para a viagem e encontrou lugares para ficar em cada uma das cidades onde estaria prestando seus testes.

Dois meses e meio depois, Emily voltou e me contou que conseguira um emprego em Zurique, na Suíça, para ser cantora de ópera profissional. Estava empolgadíssima e eu senti orgulho dela.

Como consultor de Emily, valorizei seu esforço, esperei que ela fosse bem-sucedida e procurei mantê-la dentro do caminho a que ela se propusera seguir, rumo ao seu objetivo. As dúvidas de Emily e o seu Gremlin (a vozinha negativa que morava em sua cabeça) tentaram assumir o controle da situação muitas vezes, me dizendo que ela não conseguiria fazer aquilo, que algo daquela magnitude não era para ela, mas não entrei nessa. Fiquei lembrando a ela mesma, o tempo todo, da paixão que nutria por aquilo e pelo seu poder — coisas que ela sabia que tinha, mas temia. Essas lembranças constantes e as minhas altas expectativas ajudaram a motivá-la a conseguir esses resultados extraordinários.

Seja genuíno e comunique-se com o coração
Um aspecto essencial de valorizar os outros é que devemos fazê-lo de um jeito que seja genuíno e verdadeiro. Reconhecimentos e agradecimentos falsos não funcionam e desestimulam as pessoas. Devemos ser sinceros quando agradecemos, elogiamos ou valorizamos alguém. Quanto mais o nosso reconhecimento vier do fundo do coração, mais vai impactar de forma significativa a pessoa ou as pessoas que estamos valorizando.

Aqui estão algumas dicas para você se certificar de que está valorizando e agradecendo à pessoa de forma genuína:

- **Seja específico.** Informe à pessoa da forma mais específica que puder o que mais valoriza nela, ou o motivo de estar lhe agradecendo.
- **Valorize e agradeça às pessoas pessoalmente, sempre que possível.** Se você puder se comunicar com a pessoa frente a frente, é sempre melhor. E-mails e cartões calorosos têm o seu valor, mas não há nada tão poderoso quanto uma conexão direta, olho no olho, de coração para coração. Existe uma energia especial no ato de

agradecer a alguém pessoalmente, e isso não pode ser transmitido de maneira tão genuína de nenhuma outra forma.

- **Olhe a pessoa nos olhos e fale diretamente com ela, e não a respeito dela.** Isso é muito importante quando você está fazendo um agradecimento em público. Não fale sobre ninguém na terceira pessoa; olhe diretamente para o outro, dirija-se a ele na primeira pessoa e deixe o resto do grupo ouvir o agradecimento.
- **Seja espontâneo e mostre-se presente.** Quando deixamos as palavras fluírem de forma natural, em vez de planejar algo especificamente ou ler em um pedaço de papel, o que dizemos é quase sempre mais significativo e genuíno. Se quer pensar antes no que vai dizer, planeje com antecedência ou escreva em um papel o que quer transmitir, mas na hora em que estiver agradecendo à pessoa, esqueça o papel e deixe as palavras surgirem de dentro de você de forma espontânea. Tenha confiança de que o que quer que tenha a dizer vai sair bem do fundo do coração.
- **Diga o que sente e sinta o que diz.** Em outras palavras, não use meias-palavras. Simplesmente mostre à pessoa que você a respeita, admira, aprecia e demonstre gratidão. Deixe a pessoa saber o quanto ela o influenciou de forma positiva e por que a valoriza. Mantenha a coisa bem simples e sincera.

Lembre-se de que quase todo mundo fica nervoso quando tem de agradecer a outra pessoa de forma sincera e genuína. Um dos sinais de um agradecimento sincero é quando uma das pessoas, ou ambas, se mostram emocionadas (elas ficam nervosas, se tornam mais sensíveis, choram e assim por diante). Isso é absolutamente normal e até mesmo apropriado. Se você se sente assim, isso prova que é humano, que se importa e por isso é vulnerável. Todas essas coisas são boas, mesmo que você se sinta meio desconfortável. Se tiver uma dessas reações ao agradecer a alguém, não se preocupe — o momento vai passar, você vai sobreviver e, quanto mais vezes passar por isso, mais fácil a coisa vai se tornar. Simplesmente aceite o fato de que nunca vai conseguir deixar "por completo" de sentir um certo nervoso. Isso é esperado e faz parte do ser humano.

Certa vez eu estava apresentando uma palestra sobre a importância da valorização e do agradecimento para uma agência do governo em sua primeira reunião, para o início dos trabalhos naquele ano. O auditório estava cheio. Havia umas 150 pessoas, funcionários de todos os departamentos. No meio da minha explicação sobre a importância de sermos sinceros e verdadeiros ao fazer agradecimentos, principalmente se o fizermos em público, uma jovem no fundo da plateia levantou a mão. Eu parei e perguntei:

— Tem alguma pergunta?

— Não — respondeu ela. — Na verdade, eu apenas quero saber se poderia fazer um agradecimento a uma pessoa neste exato momento.

— Claro, isso seria ótimo! — Eu a incentivei. Adoro quando coisas desse tipo acontecem de forma espontânea, no momento em que estou dando uma palestra ou conduzindo um seminário. — Qual é o seu nome? — perguntei à jovem que levantara a mão.

— Terri — ela respondeu.

— Muito bem, Terri. Teremos a oportunidade de realizar um pequeno treinamento com você. Tudo bem para você? — perguntei.

— Tudo bem — respondeu.

— Você poderia se levantar, por favor? Peça à pessoa a quem quer agradecer que também se levante. Quando ela fizer isso, olhe para ela bem nos olhos, fale diretamente e deixe toda a plateia simplesmente ouvir o que estão conversando. Isso está bem para você, Terri?

— Sim — concordou ela. — Eu gostaria de agradecer à Susan. Por favor, Susan, você poderia se levantar?

Susan era simplesmente a "chefe" do lugar. Era encarregada de toda a divisão, exercia o cargo por indicação do governador do estado e era uma mulher muito poderosa. Pelo que eu sabia a respeito dela, e pelo que eu fui descobrindo ao interagir com ela mesma e com o grupo que chefiava, Susan era muito querida e respeitada, mas trabalhava em um nível hierárquico tão elevado dentro da agência que provavelmente não tinha oportunidade de interagir todos os dias com a maioria das pessoas do departamento que dirigia. Isso acontecia simplesmente devido à natureza do seu cargo e à estrutura da organização.

Deu para sentir pela reação das pessoas da plateia que o fato de Terri querer agradecer a Susan publicamente significava muita coisa. Apesar de, durante a palestra, eu já ter conversado com todos a respeito do ceticismo que surge quando acontecem agradecimentos em público, principalmente quando o foco do agradecimento é o chefe ou líder do grupo, mesmo assim houve uma reação por Terri se dirigir a Susan, e eu percebi algumas pessoas no fundo da sala girando os olhos para cima, em sinal de impaciência e descrença.

Susan se levantou e Terri disse:

— Susan, já trabalhamos juntas há vários anos, e embora não passemos muito tempo em companhia uma da outra, devido à correria do dia a dia, eu queria que soubesse que eu a admiro e respeito muito. É uma honra trabalhar para você e eu tenho orgulho de tê-la como chefe. Acho que muitos aqui não têm tempo nem oportunidade para lhe dizer quanto apreciam o seu trabalho, mas eu quero aproveitar essa oportunidade para fazer isso aqui, na frente de todos. Obrigada.

À medida que as palavras de Terri foram ecoando pelas paredes do auditório, eu percebi um sentimento interessante circular pela sala, o tipo de sensação que só surge quando alguém está falando algo do fundo do coração, expressando uma gratidão genuína.

Houve um breve silêncio depois que Terri acabou. De repente, de forma espontânea e para surpresa não só da própria Susan, mas também de toda a plateia, ela teve uma crise de choro. E quando eu digo "crise", estou falando em crise de verdade, uma explosão de lágrimas; ela dobrou o corpo para frente e começou a soluçar muito, de forma descontrolada. As lágrimas surgiam em seu rosto com abundância, brotavam como pequenas gotas, umedecendo-lhe todo o rosto. As pessoas do auditório começaram a soltar exclamações emocionadas, pois todos foram apanhados de surpresa. Terri chegou a gritar, de um jeito engraçado e vulnerável: "Oh, não! Agora, acho que vou perder meu emprego!" Seu comentário cortou a tensão e deu a todos a oportunidade de soltar uma gargalhada.

Olhei para Susan, ainda em pé diante da sua poltrona em uma das primeiras filas. Ela tentava se recompor da explosão emocional. Deu alguns passos para o lado e eu tive a impressão de que ela ia sair da sala.

— Espere! — Pedi. — Você está se sentindo bem?

Dava para ver que ela estava bem, apenas muito comovida e envergonhada. Eu disse à plateia:

— Tudo bem, ela está ótima; foram lágrimas boas.

Aquele foi um momento impressionante para Terri, Susan e para o resto de nós.

> **VEJA ISTO:**
> O poder do agradecimento

O Dr. Gerald Graham, reitor da faculdade de administração na Universidade Estadual de Wichita, fez uma ampla pesquisa sobre a motivação no local de trabalho, em meados dos anos 1990. Descobriu que os empregados consideravam "um agradecimento pessoal do gerente" o incentivo mais motivador dentre os que ele avaliara. Essa simples interação foi considerada mais importante do que sessenta e quatro outras opções, incluindo dinheiro, festas e promoções.

Agradeça às pessoas de um jeito pessoal

Um dos meus clientes, Kyle, recentemente me contou uma história sobre o poder do agradecimento. Um casal de amigos muito chegados, Sarah e Jeff, tinha acabado de se mudar de Los Angeles para morar em Utah. Kyle foi passar um fim de semana com eles logo depois, tornando-se o primeiro convidado oficial da casa nova. Eles se divertiram muito. Fizeram vários esportes de neve e ficaram em casa à noite, batendo papo, preparando o jantar e jogando cartas.

Kyle me disse que ele se divertiu mais do que os donos da casa. Antes do fim de semana, ele andava muito estressado e meio deprimido por problemas de trabalho.

Ele me assegurou que aquele fim de semana mudou a vida dele. Kyle se sentiu rejuvenescido e voltou para casa com uma visão muito mais clara das coisas, sem falar no altíssimo astral. Depois desses dias com os amigos em Utah, ele se sentiu revigorado e louco para fazer mudanças positivas na vida.

Ao refletir sobre o fim de semana fabuloso que curtira, Kyle resolveu enviar a Sarah e Jeff uma carta escrita à mão, em vez de mandar um e-mail ou um torpedo. Ele queria explicar com detalhes aos anfitriões quanto ficara feliz por revê-los, quanto o fim de semana fora importante para ele, como adorou a nova casa dos amigos, comentou que eles haviam sido fabulosos como anfitriões e quanto apreciara o apoio deles durante seu desafiador momento profissional. Mais que tudo, Kyle queria demonstrar quanto valorizava a amizade deles, de modo geral.

Duas semanas depois, Sarah e Jeff visitaram Kyle em Los Angeles. Ao vê-lo, Sarah contou que chorara de emoção ao ler a carta de agradecimento que ele lhes enviara. Ela estava profundamente comovida por ele ter lhes enviado uma carta escrita à mão, além do maravilhoso agradecimento em si. Agradeceu muito pela sua atenção e lhe garantiu que eles também adoravam tê-lo como amigo.

Agradecer às pessoas de um jeito sincero, genuíno e pessoal pode ter um tremendo impacto. Existem oportunidades diárias para cada um de nós fazer isso, mas temos de procurá-las, encontrá-las e entrar em ação. Tanto de forma reativa quanto da outra, por antecedência, sempre há muita coisa para agradecer e reconhecer nas pessoas à nossa volta. O mais importante é que o nosso agradecimento seja pessoal.

Elogie as pessoas e mostre a elas o impacto positivo que tiveram sobre você
Minha mãe costumava perguntar: "De que adianta achar algo de bom em uma pessoa se você não diz isso a ela?"

Mary Kay Ash, fundadora da empresa Mary Kay de cosméticos, disse: "Todos querem ser valorizados. Portanto, se você valoriza alguém, não faça disso um segredo."

Eu concordo com essas duas mulheres sábias. Ver grandes coisas nos outros é totalmente diferente de ser capaz e estar realmente disposto a partilhar com eles os seus sentimentos a respeito disso. Faça um comentário positivo, envie um recado sincero, escreva um e-mail, deixe um recado na caixa postal, dê um abraço bem apertado, mostre às pessoas que gosta delas e especifique quais as qualidades que mais aprecia nelas. Isso vai muito além de simplesmente agradecer às pessoas por algo que elas tenham feito. Existe gente que não fez nada para você, especificamente, mas que também merece os seus elogios.

Ao elogiarmos uma pessoa, isso é sinal de que buscamos, encontramos qualidades maravilhosas a respeito dela e lhe contamos. Um elogio é muito mais profundo que um simples agradecimento.

A melhor forma de elogiar as pessoas é mostrar a elas o impacto positivo que tiveram sobre nós. Em vez de dizer "Você é muito inteligente", diga "Quando estou perto de você, eu me sinto mais desafiado intelectualmente. Obrigado por isso." Em vez de dizer "É divertido quando você está aqui", diga, "Quando você está por perto eu fico mais animado, me sinto mais inspirado e me divirto muito. Obrigado por me causar esse impacto tão grande."

Quando contamos às pessoas a respeito do impacto positivo que tiveram sobre nós, estamos partilhando nossas verdades mais profundas com elas e, por isso, nosso reconhecimento tem mais poder. Ao dizer às pessoas que são "boas" ou "inteligentes", na verdade, estamos julgando-as — são julgamentos positivos, mas não deixam de ser julgamentos. Seria o mesmo que dizer a alguém que ele é "cruel" ou "burro". Quando partilhamos com as pessoas o impacto positivo que tiveram sobre nós, não estamos simplesmente opinando por meio de um julgamento positivo; estamos dizendo a elas quem são aos nossos olhos, o que elas fizeram, qual a qualidade que possuem, que as apreciamos e, o mais importante, o quanto essa ação ou qualidade positiva tornou a nossa vida melhor. Isso não se trata de julgamento e não pode ser questionado; é a nossa verdade a respeito de quem elas são e do impacto positivo que tiveram sobre nós.

Assinar um contrato como jogador profissional de beisebol com o Kansas City Royals depois do meu primeiro ano de faculdade foi uma das experiências mais empolgantes, ainda que desafiadoras, de toda a minha vida. Embora eu estivesse alcançando um dos meus maiores sonhos e objetivos ao me tornar um jogador de beisebol profissional, foi difícil abandonar Stanford tão cedo.

Um dos momentos mais difíceis, para mim, foi dizer adeus a Dean Stotz, o meu treinador de arremessos. Dean tinha sido como um pai para mim. Eu gostava imensamente dele e o respeitava muito. Ele ficou ao meu lado e me apoiou durante alguns dos momentos mais difíceis, nos tempos de faculdade. Ele foi comigo ao consultório médico e ficou ao meu lado quando eu soube que precisaria passar por uma cirurgia no cotovelo que acabaria com a minha temporada, ainda no primeiro ano. Conversou comigo inúmeras vezes durante a minha dolorosa crise de depressão. Seu apoio era constante. Ele me incentivava e defendia — dentro e fora do campo. Embora Dean estivesse satisfeito comigo e muito orgulhoso, eu sabia que ele se sentia triste e decepcionado por eu estar saindo da faculdade mais cedo.

Depois que assinei o contrato e saí para a minha primeira temporada na segunda divisão do beisebol profissional, eu me sentei e escrevi uma carta de agradecimento a Dean, elogiando e reconhecendo o seu trabalho. Queria que ele soubesse o quanto eu estava grato por ele me apoiar durante todo aquele tempo, me treinar, servir de mentor, me orientar, e também pela oportunidade que ele e os outros treinadores me deram de jogar na seleção de Stanford — um sonho meu que se tornara realidade. Queria também que ele soubesse o quanto eu tinha apreciado tudo o que ele fizera por mim como pessoa. Dean fez com que eu me tornasse um ser humano melhor, e não apenas um bom jogador de beisebol.

Escrever aquela carta foi ótimo, pois eu achava importante expressar para ele o impacto incrível que tivera sobre a minha vida durante os meus anos em Stanford. Coloquei a carta na caixa de correios em frente ao hotel onde eu estava, em Eugene, no Oregon (era a minha primeira excursão como jogador profissional) e não voltei mais a pensar no assunto.

No outono, quando voltei para casa, na Califórnia, liguei para Dean, a fim de bater um papo. Ao telefone, ele me agradeceu muito pela carta e disse o quanto aquilo significara para ele. Emocionado, contou que em todos os seus anos como treinador ele raramente recebera agradecimentos e elogios de um jogador com quem tinha trabalhado, como no meu caso. Ele me disse, ao telefone:

"Sabe o que acontece, Mike?... As pessoas muitas vezes imaginam que você é confiante, tem uma boa porcentagem de sucessos na carreira e não precisa receber agradecimentos nem ser reconhecido. Isso não é verdade."

Eu mal pude acreditar. Ali estava um homem que trabalhara em Stanford por mais de vinte anos; convocara e treinara alguns dos maiores atletas do beisebol no circuito universitário, tais como Mike Mussina, Jack McDowell e John Elway; ele fora o responsável pelos dois títulos consecutivos de Stanford nos campeonatos nacionais de 1987 e 1988. No entanto, a minha tinha sido uma das poucas cartas de reconhecimento que ele recebera ao longo da carreira.

Alguns meses depois, fui convidado a visitar os Stotzes. Depois do jantar, quando eu já estava de saída, Kathy, a esposa de Dean, me puxou de lado e me contou sobre o grande impacto que a minha carta tivera sobre ele. Ela me contou que ele a carregava para cima e para baixo, dentro de sua pasta, como um lembrete.

✸ EXERCÍCIO
Agradeça às pessoas da sua vida

O exercício a seguir é uma excelente oportunidade de praticar a apreciação e o agradecimento às pessoas importantes da sua vida. Esse exercício terá um impacto muito forte nas suas relações e na sua capacidade de fortalecer as pessoas.

Parte 1
Pegue um pedaço de papel ou a sua agenda e faça uma lista de dez pessoas na sua vida, nesse exato momento. Ao lado de cada nome, escreva pelo menos cinco coisas que admira naquela pessoa e pelo menos uma forma pela qual ele ou ela influenciou sua vida de forma positiva.

Quando acabar a parte 1, retorne ao livro para fazer a parte 2.

Parte 2
Leia a sua lista mais uma vez. Nada do que escreveu a respeito dessas dez pessoas é "verdadeiro." Pode ser verdadeiro para você, mas é tudo subjetivo — baseado em sua opinião e experiência pessoal com elas. Isso, pensando bem, é uma boa notícia, pois significa que tem o poder de apreciar e agradecer a qualquer um e a todos.

Agora, acrescente mais dois nomes à sua lista. Dessa vez, coloque pessoas com quem interage regularmente e que considera pessoas "difíceis" ou "instigantes". Veja se consegue encontrar cinco coisas que admira nelas e pelo menos uma forma pela qual elas influenciaram a sua vida de forma positiva. Se você olhar com atenção, vai ser capaz de achar um monte de coisas boas para reconhecer nelas. Faça essa parte do exercício e depois retorne ao livro para fazer a parte 3.

Parte 3
Agora o desafio: nas próximas setenta e duas horas, agradeça a todas as pessoas da sua lista — principalmente as "difíceis". Procure cada uma e converse pessoalmente com ela. Pegue o telefone e ligue para todas elas, caso não possa visitá-las pessoalmente, ou então escreva-lhes um cartão ou envie-lhes um e-mail. Da melhor forma que conseguir, entre em contato com todas essas pessoas, diga-

lhes o que aprecia nelas e como elas influenciaram sua vida de maneira positiva. Faça isso de um modo genuíno e sincero e veja o que acontece. Divirta-se!

Agradeça e valorize as pessoas mesmo que não haja nenhum motivo aparente
Agradecer às pessoas "sem um motivo determinado" é a forma mais radical de reconhecimento proativo. Eu aprendi a importância e o poder de fazer isso com a minha esposa, Michelle.

Assim que nós começamos a sair juntos, Michelle se sentou comigo, um dia, e me mostrou uma lista imensa das coisas de que gostava e daquelas de que não gostava. Ela foi muito direta com relação a isso, o que me agradou. Aquilo era uma espécie de "cardápio de assuntos" que a agradariam, e um verdadeiro mapa para fazê-la feliz e navegar ao longo do nosso relacionamento. Fiquei muito grato por todas aquelas informações. Uma coisa simples que Michelle me contou em um desses primeiros encontros ficou gravada na minha cabeça. Ela disse: "Eu adoro receber flores. Mas gosto especialmente de recebê-las sem um motivo especial."

"Como assim, sem motivo?", perguntei. Para mim, só havia três motivos para se comprar flores para uma mulher: (1) Era o aniversário dela; (2) Era Dia dos Namorados; (3) Eu tinha feito algo errado e precisava lhe pedir desculpas. Michele foi específica: "Compre-me flores sem nenhum motivo especial, só porque você se lembrou de mim durante o dia ou porque me ama, e eu vou ficar muito feliz."

Uma semana depois disso, mais ou menos, eu passei por um quiosque de flores e decidi testar aquilo. Sem ter uma ideia exata de qual seria a reação de Michelle, eu comprei flores sem motivo especial e fui levá-las pessoalmente, no apartamento dela. Eu entreguei as flores e ela *adorou*. Podem acreditar, ela gostou *de verdade*. Ficou absolutamente empolgada — o seu rosto se acendeu, ela sorriu e literalmente deu pulos de alegria. Foi maravilhoso vê-la tão feliz. Pelo fato de ela ter me expressado o seu reconhecimento de forma tão óbvia e imediata, eu de repente me vi com vontade de comprar flores onde quer que eu fosse e em vários momentos, a fim de levá-las para ela e fazê-la novamente feliz.

Comecei a lhe comprar flores sem nenhum motivo o tempo todo. Ela demonstrou o reconhecimento que tinha pelas flores e por mim e, como resultado disso, conseguiu que aquele momento bom se repetisse muitas vezes. A partir daquele dia, passei a comprar flores para Michelle regularmente. Ela me "treinou" por meio da sua reação positiva, e isso acabou gerando um ganho para os dois lados.

Não precisamos esperar pela "hora certa" ou pelo "momento apropriado" para contar às pessoas que nós as amamos, que elas significam para nós e quanto nós as apreciamos. Infelizmente, às vezes é preciso que a vida nos dê uma marretada metafórica na cabeça (a morte de alguém, um acidente ou outra tragédia qualquer) para pararmos tudo e fazermos um levantamento das coisas que eram importantes na pessoa que apreciávamos. Recentemente eu ouvi alguém dizer: "Não desperdice flores com defuntos. Ofereça flores às pessoas enquanto elas ainda estão vivas." Devo afirmar que concordo com essa afirmação de todo o coração.

Que tal se tirássemos alguns minutos do nosso tempo para agradecer e valorizar as pessoas em torno de nós de forma constante, como se cada vez que as encontrássemos fosse a última? Que tal se criássemos oportunidades para mostrar a essas pessoas o quanto são importantes para nós e o impacto positivo que tiveram em nossas vidas? Temos a capacidade de fazer isso, e trata-se de uma coisa relativamente simples. Não espere ficar tarde demais. Agradeça às pessoas que estão à sua volta — agora mesmo! Faça isso com frequência, do fundo do coração e sem nenhum motivo aparente.

Agradecer às pessoas por antecedência, sem nenhum motivo específico, é uma das coisas mais generosas e positivas que podemos fazer por elas. Além do mais, devido ao poder dos nossos pensamentos, sentimentos e palavras, agir desse modo é uma forma maravilhosa de manifestar e atrair grandes coisas para nossa vida, para a vida das pessoas a quem fazemos nossos agradecimentos e também para a nossa relação com elas. Para viver uma vida de reconhecimento e gratidão e se tornar um mestre apreciador, precisamos ter a percepção e a capacidade de agradecer às pessoas por antecipação.

O impacto positivo do agradecimento

Em algum momento das minhas palestras e seminários, eu pergunto às pessoas da plateia: "Qual é a pessoa que causou maior impacto na sua vida?" As pessoas erguem as mãos e citam o nome dos seus pais, de professores, maridos ou esposas, líderes religiosos e amigos. Quem quer que seja a pessoa mais importante na vida de cada participante dos eventos, sempre há uma coisa em comum: é alguém que reconhecia enormemente o valor da pessoa. De modo geral, as pessoas que tiveram o maior impacto na nossa vida são aquelas que acreditaram no nosso potencial e na pessoa que somos. Elas nos apreciaram e reconheceram o nosso valor de um modo que nos inspirou, motivou e fez com que déssemos o melhor de nós.

Pare de ler por alguns instantes neste exato momento e pense em algumas das pessoas que causaram impacto e o inspiraram ao longo da vida. Ao fazer isso, talvez você descubra que precisa acrescentar alguns nomes na lista de agradecimento que fez ainda há pouco, no início deste capítulo. Quando as pessoas reconhecem o nosso valor, isso tem um impacto verdadeiro. Ao reconhecermos o valor dos outros, podemos literalmente alterar o curso da vida delas.

Todos nós temos exemplos do impacto positivo do agradecimento na nossa própria vida. E existem milhares de histórias pessoais e estudos que provaram o poder e a importância que o agradecimento tem.

Por exemplo, existe um famoso estudo realizado há muitos anos pela Dra. Elizabeth Hurlock, no qual ela mostrou que os alunos que foram elogiados e valorizados pelo seu trabalho positivo na escola melhoraram o seu desempenho geral em 71%. Outro exemplo é que, de acordo com extensas pesquisas feitas pelo Instituto Gallup de pesquisas estatísticas, 90% das pessoas dizem que são mais produtivas quando rodeadas de pessoas positivas e que reconhecem o seu valor.

O agradecimento funciona. Quando somos reconhecidos, estamos mais propensos a ser bem-sucedidos e a nos sentir bem conosco. Quando tiramos algum tempo para agradecer aos outros de forma genuína, somos capazes de verdadeiramente honrar e fortalecê-los.

PRÁTICAS POSITIVAS

A seguir, temos uma lista curta de práticas sugeridas que possibilitarão a você integrar à sua vida o hábito de fazer agradecimentos aos outros regularmente.

1. Escreva pelo menos uma nota de agradecimento sincero a cada semana. Pelo menos uma vez por semana, sente-se e escreva uma notinha de agradecimento a alguém cujo trabalho ou ação você quer reconhecer e valorizar. Pode ser que essa pessoa tenha feito algo específico por você naquela semana, pelo qual deseja agradecer; talvez simplesmente esteja pensando nela e queira lhe contar isso; ou quem sabe não existe motivo algum em especial, mas você quer lhe agradecer pelo que ela é ou por ela ter influenciado a sua vida de maneira positiva. Compre uma linda caixa de cartões e faça dessa caixa um lembrete para si mesmo. No mundo de hoje, totalmente eletrônico e obcecado por e-mails, receber um cartão de agradecimento palpável, genuíno e sincero, principalmente sem a pessoa esperar, servirá para impressionar de forma muito positiva a pessoa para quem o enviar. Fazer isso também é uma grande forma de praticar o agradecimento aos outros.

2. Pergunte às pessoas como elas gostam de ser valorizadas. Essa é uma prática simples, significativa e que funciona bem com amigos, familiares, casais e colegas (principalmente se você for um gerente ou líder). Considerando que o agradecimento mais eficiente e genuíno é o agradecimento pessoal, é muito importante saber como as pessoas gostam de se sentir valorizadas. Cada pessoa é diferente da outra e a valorização não é uma roupa de tamanho único. Perguntar diretamente às pessoas como elas gostam de ser valorizadas é a maneira certa de saber que, ao lhes agradecer por alguma coisa, o seu reconhecimento vai ser importante e promoverá um impacto positivo.

3. "Ganhe o dia" com seu marido ou sua esposa. Essa é uma prática muito poderosa que minha esposa, Michelle, inventou há alguns anos. Trata-se de um exemplo fantástico de agradecimento por antecipação. Ela pode ser feita com o seu marido ou sua esposa todos os dias, pela manhã. Você diz a ele ou a ela: "Hoje, para mim, você representa uma coisa..." e então "cria" a pessoa amada com palavras de valorização tais como "adorável", "poderosa", "linda", "maravilhosa", "divertida" e assim por diante. Lembre-se de que essa prática trata do poder criativo das nossas palavras e do poder mágico do reconhecimento e da valorização. Se você quer que o seu reconhecimento seja genuíno, é sempre importante lembrar que, devido à lei da atração, qualquer coisa que você foque, pense a respeito, sinta e diga tem a capacidade de se manifestar em sua vida. Michelle e eu sempre acrescentamos outros elementos à prática. Dizemos também: "Uma das coisas de que eu mais gosto em você é...", "Uma das coisas de que eu mais gosto no seu corpo é...", "Uma das coisas de que eu mais gosto no nosso relacionamento é...", e até mesmo "Uma das coisas de que eu mais gosto em mim é...". Para finalizar essa prática, sempre dizemos: "Hoje eu escolho você!". "Ganhar o dia" criando-o desse jeito não só faz você levantar da cama com o pé direito, mas também é uma forma surpreendente de se conectar e valorizar a pessoa que está junto de você, com todo o coração.

4. Todos os dias, escolha três coisas novas que você aprecia na pessoa com quem se casou ou com quem divide o teto e diga isso a ele ou a ela. Preste atenção na pessoa que está ao seu lado e foque-se no que aprecia nela. No fim do dia, em algum momento da noite, antes de irem dormir, conte ao seu ente querido pelo menos três coisas novas que descobriu que gosta nele ou nela. As coisas que escolherá valorizar podem ser muito específicas, de uma forma reativa, ou podem também ser proativas (qualidades dele ou dela que você admira). De uma forma ou de outra, tire algum tempo para lhe contar as coisas que escolheu e faça disso um momento sagrado de valorização mútua. É uma grande forma de completar o dia e reconhecer o valor um do outro.

5. Coloque as pessoas na "berlinda" do reconhecimento. Esse é um exercício fabuloso que você pode fazer com as pessoas dentro de um grupo, time, equipe ou na própria família. Cada um terá o seu momento na berlinda. Essa berlinda, no entanto, é muito positiva, cheia de amor, de reconhecimento e de agradecimentos. Você coloca uma cadeira no meio da sala ou pode simplesmente deixar a pessoa sentada onde está e dar a vez a cada uma das outras em volta. Quando for o momento de alguém "ficar na berlinda", o resto do grupo deverá se revezar, agradecendo à pessoa publicamente e reconhecendo o valor dela de forma genuína e sincera.

6. Comece sempre as reuniões com as pessoas compartilhando "coisas boas". Essa é uma grande atividade para grupos que se reúnem regularmente, principalmente se essas reuniões costumam ser chatas, estressantes ou ambas. Antes de abrir os trabalhos de qualquer reunião é sempre agradável falar sobre coisas positivas. Essas coisas boas podem ser um agradecimento específico, um aviso sobre o sucesso de alguém, um partilhar de gratidão com o grupo em geral ou até mesmo um assunto pessoal que não tenha relação alguma com o tema da reunião (por exemplo, alguém pode falar sobre a família, sobre uma viagem divertida ou algo desse tipo). Você, no caso de ser a pessoa que estará comandando essa prática curta, pode dar início ao exercício contando aos outros algo de bom que lhe tenha acontecido ou fazendo algumas daquelas perguntas que fazem as pessoas pensarem e estimulam debates, como por exemplo:

- Por que você se sente grato no dia de hoje?
- Que coisas boas aconteceram desde a última vez em que nos encontramos?
- Quem tem alguma boa notícia que gostaria de partilhar conosco?

Essa atividade levará só alguns minutos, mas poderá deixar uma marca positiva e duradoura no grupo, além de fazer da reunião ou do encontro um verdadeiro sucesso.

Reconheça o valor dos outros

Valorizar as outras pessoas é fundamental para levarmos uma vida de reconhecimento e gratidão. Ao nos fazermos mestres na arte de valorizar os outros, nos tornamos capazes de inspirar e fortalecer as pessoas ao nosso redor, além de criar ambientes positivos de reconhecimento em nossas vidas. O princípio número 4 trata basicamente da nossa capacidade de agradecer, reconhecer o valor e apreciar as pessoas em nossa vida. Agora, estamos prontos para analisar o aspecto mais importante de todos os princípios: Reconhecer o valor de nós mesmos (princípio 5).

7

PRINCÍPIO 5
Reconheça seu próprio valor

Chegamos agora ao quinto e último princípio: *Reconheça seu próprio valor*.

Guardei isso para o fim porque esse é o fundamento mais importante de todos. Não que os primeiros quatro princípios não sejam importantes. Eles certamente são, e muito! Cada um deles representa um aspecto essencial de viver uma vida de reconhecimento e plenitude. Entretanto, o autorreconhecimento é a síntese de tudo. Toda gratidão ou reconhecimento começa e termina, fundamentalmente, com a opinião e a percepção que temos a respeito de nós mesmos. Eis por que este princípio, "Reconheça seu próprio valor", é o fundamento não apenas deste livro e dos seus princípios, mas também de todo o meu trabalho.

O autorreconhecimento nos oferece uma base sólida pela qual ser gratos, direcionar os nossos pensamentos e sentimentos em um rumo positivo, utilizar palavras positivas e reconhecer o valor de outras pessoas de forma eficiente. Sem apreciar a nós mesmos, ficará difícil ou até mesmo impossível sentir, pensar e expressar genuína gratidão a respeito da vida e dos outros.

Vivemos a nossa vida e percebemos o mundo basicamente através das lentes da nossa opinião a respeito de nós mesmos — a nossa relação conosco. O que quer que pensemos, sintamos e acreditemos como verdadeiro a respeito de nós mesmos, desse mesmo modo pensamos, sentimos e acreditamos a respeito dos outros e do mundo em geral — direta ou indiretamente. A maneira como nos sentimos a respeito de nós mesmos é mais importante do que qualquer outra coisa. Por trás de tudo que fazemos ou realizamos hoje em dia ou fizemos no passado está a nossa percepção de nós mesmos e um forte desejo de autorreconhecimento. Entretanto, muitas vezes parecemos fazer isso de trás para frente: tentamos ser bem-sucedidos, alcançar e provar coisas a nós mesmos e aos outros a fim de nos sentirmos merecedores de reconhecimento, em vez de reconhecermos a nós mesmos, para início de conversa.

Este capítulo analisa o porquê de o autorreconhecimento ser muito difícil, mostra a diferença entre reconhecer a si mesmo e ser arrogante, trata de algumas coisas específicas que podemos fazer para apreciar a nós mesmos de forma genuína e eficaz e explica o porquê de o autorreconhecimento ser tão importante para nós e para os outros.

Por que o autorreconhecimento pode ser difícil

Conforme discutimos no Capítulo II, muitos de nós carregamos uma parcela de negatividade pessoal e podemos ser extremamente duros conosco. Todos temos aquele Gremlin dentro de nossas cabeças que constantemente nos critica, julga e compara com os outros de forma negativa. Vamos analisar, por alguns momentos, várias das coisas que tornam tão difícil para nós reconhecer o próprio valor.

Em primeiro lugar, há muita gente que não considera o autorreconhecimento importante ou cultiva uma aversão filosófica a ele. Em segundo lugar, até mesmo os que sabem que o autorreconhecimento é importante e enxergam o benefício dele em termos de autoestima, confiança, motivação e cuidado consigo mesmo têm muita dificuldade em se lembrar de apreciar a si mesmos de forma a promover um impacto positivo em suas vidas.

Aqui está uma lista dos motivos mais comuns para não reconhecermos o próprio valor ou não o fazermos de forma eficiente, mesmo quando desejamos:

- Focamos a maior parte da nossa atenção nas coisas que não gostamos em nós mesmos.
- Consideramos o autorreconhecimento uma coisa egoísta, arrogante e narcisista.
- Temos vergonha ou nos sentimos esquisitos em demonstrar autorreconhecimento.
- Achamos que as pessoas farão pouco de nós ou pensarão que somos voltados para o próprio umbigo.
- Imaginamos que ao focar a atenção em nossas fraquezas iremos melhorá-las. (Em outras palavras, somos duros conosco.)
- Costumamos nos comparar a outras pessoas e as achamos melhores do que nós.
- Consideramos os nossos dons, talentos e sucessos como algo definido pelo destino.
- Esperamos que tudo um dia vá funcionar para nós de maneira perfeita — e só então poderemos apreciar a nós mesmos e às nossas vidas.
- A nossa família ou a nossa tradição cultural não costumava ensinar nem incentivar o autorreconhecimento.
- Literalmente não sabemos como e nem se nos ensinaram maneiras saudáveis de reconhecer a nós mesmos.

Conforme você foi lendo essa lista, provavelmente percebeu vários exemplos que se encaixam no seu caso. Qual desses "motivos" você usa com mais frequência para justificar não reconhecer o próprio valor? Do mesmo modo que fazemos em relação a reconhecer o valor dos outros, todos temos muitas justificativas para não apreciarmos a nós mesmos. Entretanto, nossa falta de autorreconhecimento é, muitas vezes, ainda mais traiçoeira. Para a maioria de nós, reconhecer o próprio valor pode ser muito mais desafiador do que valorizar os outros. Embora eu respeite, compreenda e tenha compaixão pelos incontáveis motivos que todos temos para não nos apreciar, são apenas desculpas para não realizarmos a coisa mais importante que devemos fazer como seres humanos: amar a nós mesmos.

Uma vez que compreendemos que o autorreconhecimento é uma coisa universalmente desafiadora, podemos criar uma espécie de compaixão por nós mesmos, enquanto trabalhamos para fortalecer a "musculatura" da nossa autoapreciação. Conforme discutimos no Capítulo II, a nossa própria negatividade e a nossa luta pessoal com o autorreconhecimento não devem nos impedir de amar a nós mesmos. Na verdade, quanto mais compreendermos nossa resistência para reconhecer o próprio valor, mais rapidamente conseguiremos superar isso.

O que o autorreconhecimento não é

Um dos principais motivos para ser tão difícil ou desafiador apreciar a nós mesmos é que isso muitas vezes é mal-compreendido e mal-interpretado. Antes de falar a respeito do que é o autorreconhecimento e como poderemos apreciar a nós mesmos de forma eficiente, precisamos falar sobre o que ele não é. O autorreconhecimento *não é*:

- Arrogância.
- Uma *ego trip*.
- Ser melhor do que as outras pessoas.
- Vaidade egoísta.
- Contar vantagem.

O motivo de muitos de nós nos sentirmos arrogantes, "metidos" ou voltados para o próprio umbigo quando se trata de reconhecer o próprio valor é não conseguirmos fazer uma distinção clara entre contar vantagem e reconhecer verdadeiramente o nosso valor.

Se o que pensamos, sentimos ou dizemos a respeito de nós mesmos de uma forma positiva tem alguma coisa a ver com nos sentirmos superiores a mais alguém, não se trata de autovalorização, e sim de *ego trip*. Quando nos comparamos, competimos ou nos achamos melhores do que os outros, não estamos nos valorizando, e sim sendo arrogantes. As diferenças são sutis, mas muito significativas. Arrogância é uma máscara que esconde o medo e a insegurança, enquanto o genuíno autorreconhecimento é uma expressão de amor verdadeiro, gratidão e valorização de alguma coisa que fizemos ou, mais importante, de quem somos.

O que o autorreconhecimento *é*

O autorreconhecimento é, pura e simplesmente, amor a si mesmo. Quando nos amamos e nos valorizamos, tanto pelo que fazemos como pelo que somos, estamos reconhecendo nosso próprio valor. Isso pode assumir uma variedade de formas, mas quase tudo que pensamos, sentimos, fazemos ou dizemos a respeito de nós mesmos de forma gentil, amorosa e positiva se encaixa na categoria de autorreconhecimento.

Aqui está uma lista de alguns exemplos simples de autorreconhecimento:

- Celebrar o próprio sucesso.
- Falar de si mesmo de forma positiva.
- Sentir-se à vontade com elogios e ser grato por eles.
- Perdoar os próprios erros.
- Cuidar de si — não apenas fisicamente, mas emocional, mental e espiritualmente

Se você for procurar a palavra reconhecimento na maioria dos dicionários, verá que ela é definida como a medida do valor que damos a alguém ou a alguma coisa. Trabalhando a partir dessa definição simples e buscando compreendê-la, podemos definir o autorreconhecimento como a percepção do nosso próprio valor. Como veremos a seguir, reconhecer e, por fim, valorizar de forma amorosa aquilo que fazemos e a pessoa que somos nos fará utilizar o verdadeiro poder mágico do autorreconhecimento.

Como valorizar a si mesmo

A maioria de nós sabe reconhecer o próprio valor, em maior ou menor grau. Entretanto, conforme mencionei diversas vezes ao longo deste e de capítulos anteriores deste livro, o autorreconhecimento é uma coisa contra a qual muitos de nós lutamos, por uma variedade de motivos. Não saber exatamente como fazê-lo é muitas vezes o principal motivo para as pessoas terem essa dificuldade. Felizmente, porém, como acontece com a valorização que fazemos aos outros, reconhecer o valor de si mesmo é uma arte, e não existe maneira "correta" de conseguir isso. Existem muitas coisas que podemos fazer ou praticar e que nos tornam mais confortáveis, poderosos e eficientes na arte de reconhecer o próprio valor e amar a nós mesmos de forma significativa.

As seções que serão apresentadas a seguir descrevem cinco dos mais importantes aspectos do autorreconhecimento:

Seção 1. Aceite a si mesmo do jeito que é.
Seção 2. "Seja você mesmo; todos os outros lugares da vida já estão ocupados."
Seção 3. Foque nos seus pontos fortes.

Seção 4. Comemore você mesmo e o seu sucesso.
Seção 5. Valorize você mesmo o tempo todo.

Ao lembrar e praticar todas essas cinco coisas, você será capaz de amar e se valorizar de um jeito mais profundo e fortalecedor.

Seção 1 — Aceite a si mesmo do jeito que é

Meu pai sempre costumava me dizer: "Mike, você deve se aceitar por completo, com as verrugas e tudo o mais."

Eu detestava quando ele me dizia isso, porque embora soubesse que ele tinha razão, havia um monte de "verrugas" em mim que eu queria curar ou mudar, e não aceitar.

Autoaceitação é um aspecto essencial da nossa jornada de autorreconhecimento e realização. Precisamos começar exatamente no lugar em que estamos. Existe um conceito errado a respeito da aceitação: as pessoas muitas vezes confundem aceitação com rendição ou resignação. Na realidade, porém, aceitar algo não significa que se resignou a respeito ou que nunca conseguirá mudar.

Aceitação nem mesmo significa que você precisa concordar com alguma coisa ou gostar das coisas do jeito que são. A aceitação significa simplesmente que aceita uma coisa como ela é, sem se estressar. Nós algumas vezes achamos que o fato de aceitar alguma coisa implica em não querermos mais modificá-la, nem melhorá-la; muitas vezes nós consideramos a aceitação como um fracasso.

De forma paradoxal, o contrário é que é verdade. Quando aceitamos por completo alguma coisa a respeito de nós mesmos, temos então o espaço e a perspectiva de olhar para aquilo e lidar com o problema de um ponto mais equilibrado e saudável. Muito do nosso sofrimento como seres humanos vem da nossa não aceitação das coisas como elas são, especialmente quando elas dizem respeito a nós mesmos.

A verdade profunda de Carl Jung, "Aquilo contra o que você resiste, persiste", aparece mais uma vez aqui.

Você pode aceitar e apreciar você mesmo e a sua vida neste exato momento. Você não precisa esperar até perder peso, conseguir o dinheiro, se apaixonar, alcançar um objetivo ou fazer o que imagina a fim de ser "bom" ou "feliz." Muitas vezes nos vemos à espera de "um dia" para valorizar a nós mesmos. Imaginamos que depois de "conseguirmos" seremos felizes e que a essa altura conseguiremos aceitar e apreciar por completo quem somos. Como todos sabem por experiência própria, esse tipo de coisa não funciona e nos traz sofrimento durante o processo. A chave de tudo é ser capaz de aceitar e apreciar a nós mesmos neste momento, independentemente do que está acontecendo em nossas vidas.

Lisa Earle McLeod, coautora do livro *Esqueça a perfeição*, costuma dizer: "Quando você abandona a imagem perfeita de como a sua vida *deveria ser*, pode começar a curtir o jeito que ela *realmente é*." Isso é absolutamente verdadeiro. Muitas vezes nós ouvimos a voz do Gremlin na nossa cabeça nos dizendo o que *deveríamos* ser, como *deveríamos* agir, como *deveríamos* parecer e como *deveríamos* nos sentir. Rich Fettke, autor do livro *Extreme Sucess* (Sucesso Total) diz: "Pare de cobrar o 'deveria' de si mesmo."

Se você der uma olhada na lista que criou durante a leitura deste livro, no Capítulo II, a respeito dos aspectos "bons" e "ruins" de si mesmo e da sua vida, vai reparar que quase tudo que aparece na sua lista dos "ruins" são coisas que você não aceitou por completo a respeito de si mesmo e em sua vida. Quando aceitamos a nós mesmos exatamente como somos neste exato momento, criamos uma sensação de paz e gentileza que nos permite apreciar a nós mesmos por completo.

Seção 2 — "Seja você mesmo; todos os outros lugares da vida já estão ocupados"

Oscar Wilde, o autor e poeta do século XIX é famoso por suas frases criativas e ricas. Uma das minhas favoritas é esta: "Seja você mesmo; todos os outros lugares da vida já estão ocupados."

Cada um de nós é um evento único. Temos qualidades, talentos e dons que apenas nós possuímos. Compreender quem somos e viver de acordo conosco é essencial para nossa realização na vida. Como no caso da autoaceitação, a autenticidade pessoal é um aspecto fundamental da arte de apreciarmos a nós mesmos. Muitas vezes nos pegamos tentando agradar aos outros ou desejando a aprovação e a aceitação das pessoas em nossas vidas. Buscar a aprovação alheia pode ser arriscado, principalmente em termos de apreciação, reconhecimento e gratidão. Expressar nossa apreciação pelos outros e vê-los demonstrando a deles por nós são coisas maravilhosas, contanto que lembremos sempre que nosso objetivo na vida não é alcançar a aprovação alheia nem conseguir que as pessoas gostem de nós. É muito mais importante que aprovemos, gostemos e, por fim, amemos a nós mesmos — independentemente do que os outros possam pensar, sentir, achar ou dizer. É essencial compreendermos isso, embora, mais uma vez, pareça uma coisa paradoxal.

Quando buscamos a aprovação dos outros e deixamos as opiniões deles ditar a maneira como nos sentimos ou quem pensamos ser — coisa que todos já fizemos em algum momento de nossas vidas — estamos abrindo mão do poder e de qualquer senso real dos nossos "eus" verdadeiros. A chave é sermos sempre os mais verdadeiros que conseguirmos em relação a nós mesmos, possuirmos qualidades, pensamentos, ideias e sentimentos próprios, expressarmos e vivenciarmos nossas existências de forma autêntica.

Como Martha Graham nos lembra: "Existe uma vitalidade, uma força de vida e uma aceleração que se traduzem através dos seus atos. Pelo fato de só existir um exemplar de você em todos os tempos, essa expressão é única. Se ela for bloqueada, nunca poderá existir através de outro meio e se perderá."

Seção 3 — Foque nos seus pontos fortes

Muitas pessoas que eu conheço e com as quais trabalho são incrivelmente talentosas e realizadas, mas não dá para saber disso simplesmente conversando com elas. Por exemplo, o meu amigo Edward é um talentoso músico e escritor, mas, quando conversamos, ele constantemente se deprecia, desvaloriza as suas qualidades e se mostra obcecado por sua falta de concentração, determinação e realizações. A maioria de nós, assim como Edward, presta muito mais atenção nas fraquezas pessoais que percebemos diariamente, em vez de atentar para os pontos fortes. Ou aceitamos os nossos pontos fortes como certos ou não os valorizamos de forma eficaz.

Para construirmos o sucesso e a realização que verdadeiramente queremos em nossas vidas, temos de ser capazes de conhecer, admitir e utilizar todas as nossas forças. A fim de apreciarmos a nós mesmos por completo e de sermos capazes de apreciar os outros, precisamos reconhecer nossas próprias qualidades positivas.

Outro grande livro que ressalta o campo em constante expansão da psicologia positiva e os extensos trabalhos de pesquisa da organização Gallup se chama *Descubra seus pontos fortes*. Esse importante best seller foi escrito em 2001 por Donald Clifton (que também é o coautor de *Seu balde está cheio?*) e Marcus Buckingham. O livro e a ferramenta de avaliação que eles chamam de "Caçador de Pontos Fortes" se tornaram referências e são muito utilizados por líderes, orientadores e consultores de desenvolvimento organizacional em muitas das empresas mais importantes do mundo de hoje. Esse livro e essa ferramenta de avaliação ensinam as pessoas sobre a importância de descobrir e compreender suas forças, e as ajuda a identificar quais são os seus cinco pontos fortes.

Uma vez que descobrimos e tomamos posse dos nossos pontos fortes, que são individuais e únicos, nos tornamos capazes de compreender melhor a nós mesmos, trabalhar de forma mais eficiente com as outras pessoas, bem como em nossos projetos e problemas, até que, por fim, nos tornamos mais bem-sucedidos e realizados naquilo que fazemos. Também aprendemos que é mais produtivo, agradável e benéfico nos relacionarmos com os outros por meio de seus pontos fortes, em vez de focarmos nossa atenção nas fraquezas que percebemos neles.

Meu tio Steve é um homem maravilhoso, uma das maiores influências positivas na minha vida. Ele é um psicólogo muito bem-sucedido. Pois bem... ele me contou que no início da carreira como psicólogo, lutou muito para encontrar seu nicho e ser bem-sucedido. Adorava trabalhar com pessoas, mas odiava desempenhar suas funções em meio à burocracia das agências para as quais prestava serviços. Quando ele, finalmente, percebeu que a sua verdadeira força estava no atendimento individual, resolveu correr riscos e montou um consultório particular. Seguiu a sua verdadeira paixão, enfrentou seus medos e focou nos pontos fortes. Ele me assegurou que, a partir daí, a vida e a carreira dele se modificaram para melhor, e de forma dramática.

> **VEJA ISTO:**
> Como receber elogios

Uma das melhores maneiras de praticar o reconhecimento pelo nosso próprio valor é receber elogios de outras pessoas com gratidão e sentir-se à vontade com isso. Já aconteceu de você se descobrir pouco à vontade quando alguém o elogia? Caso isso tenha acontecido, saiba que você não está sozinho. A seguir estão cinco coisas simples que você pode fazer para melhorar sua capacidade de receber elogios:

1. Respire. Pare tudo e respire devagar e bem fundo quando alguém elogiar você.

2. Acredite na pessoa que está elogiando você. Confie que ele ou ela está dizendo a verdade. Quanto mais aberto e confiante você se mostrar, mais provável é a pessoa lhe fazer elogios sinceros.

3. Diga ao seu Gremlin para calar a boca. Não dê ouvidos à voz negativa do Gremlin que mora em você; em vez disso, ouça com atenção as palavras da pessoa que está reconhecendo o seu valor.

4. Não discorde, não interrompa a pessoa que fala nem se diminua. Deixe a pessoa valorizar você por completo e não deprecie o elogio que está recebendo de forma alguma (tal como fazendo piadinhas autodepreciativas, discordando da pessoa ou se diminuindo de algum modo).

5. Agradeça e deixe o elogio se acomodar dentro de você. Simplesmente diga "obrigado" e cale a boca. Qualquer coisa que disser depois do agradecimento normalmente parecerá falsa, ou então uma tentativa de mudar de assunto. Respire fundo e deixe o elogio se acomodar!

Seção 4 — Comemore você mesmo e o seu sucesso
Comemorar nossa vitórias e celebrar o nosso sucesso são algumas das melhores coisas que podemos fazer para utilizar o poder da autoapreciação. Aqui, mais uma vez, devemos compreender a diferença entre comemorar e contar vantagem. Celebração tem a ver com reconhecimento, satisfação e realização. Contar vantagem tem a ver com ego, competição e arrogância. A diferença pode ser sutil, mas se estivermos dizendo a verdade e realmente prestando atenção, saberemos reconhecer.

É muito comum nos considerarmos ou a nosso sucesso como algo certo e definitivo. Somente quando alguma coisa acaba, vai embora ou sofre alguma ameaça é que nós paramos realmente para reconhecer o nosso sucesso ou o que alcançamos na vida. Nosso medo é o de sermos julgados, nos tornarmos exibidos ou, o que ainda é pior, nos tornarmos preguiçosos ao comemorar o quanto somos ótimos. Embora tais medos sejam compreensíveis, eles são infundados, pois a verdadeira celebração de nós mesmos e do nosso sucesso servirá tão somente para nos inspirar e fortalecer ainda mais.

Trabalho muito esse ponto com os clientes aos quais presto consultoria, porque muitos dos conceitos relacionados com a comemoração de nós mesmos são estranhos. Muitas vezes desafio meus clientes a comemorar consigo mesmos quando fazem algo, seja grande ou pequeno, sobre o qual se mostram empolgados ou orgulhosos. Tornar-se bom de verdade em comemorar consigo mesmo e curtir o próprio sucesso leva algum tempo.

Ken, um dos meus clientes, é escritor, editor e empresário. Como muitos de nós, luta consigo mesmo e tem problemas de autoconfiança com relação ao seu trabalho e aos seus relacionamentos amorosos. Depois de trabalharmos juntos durante alguns meses, eu lhe propus uma missão: anotar em um papel cinco motivos novos para celebração, a cada dia — coisas que ele apreciava em si mesmo. No decorrer de um mês, Ken praticou esse exercício diariamente. A princípio, isso lhe pareceu difícil e esquisito. Entretanto, uma semana depois, mais ou menos, ele entrou na pilha, adquiriu uma percepção fantástica a respeito de si mesmo e notou um significativo aumento na taxa de autoestima, tudo a partir desse autorreconhecimento constante e dessa celebração diária.

Depois de um mês, Ken resolveu que continuaria com o exercício em caráter permanente. Disse que aquilo o ajudara muito a se manter nos trilhos do pensamento positivo e já estava percebendo resultados específicos a partir daquela prática diária. Pouco mais de três meses depois de começar esse exercício diário de autoapreciação e comemoração pessoal, Ken praticamente havia dobrado o número de projetos como escritor nos quais estava trabalhando. Depois de um longo período de inatividade social, ele também começou a namorar novamente e, o mais importante, começou a curtir a si mesmo nessa e em outras áreas.

Comemorar de forma pessoal os nossos sucessos (grandes ou pequenos) nos permite utilizar a lei da atração de uma forma positiva. Quando lembramos que a comemoração tanto pode ser considerada um ato de valorização por antecipação (a causa de alguma coisa) como também algo reativo (um fenômeno que surge após um fato específico), começamos a usar o poder da autoapreciação e a magia da comemoração de forma a atrair mais resultados e situações positivas para a nossa vida. A comemoração é um aspecto essencial da autoapreciação e da nossa realização na vida.

Seção 5 — Valorize você mesmo o tempo todo
É essencial que nos valorizemos o tempo todo. Conforme discutimos ao longo de todo este capítulo e de todo o livro, existem muitas formas diferentes de expressar o

nosso reconhecimento através da valorização. A chave é a nossa intenção, e não a ação específica. O que sempre devemos lembrar em relação à autovalorização é que ela deve ser verdadeira. Precisamos estar sempre em busca de coisas pelas quais comemorarmos intimamente. Existem muitas coisas positivas que nós dizemos, fazemos, sentimos e alcançamos o tempo todo. Temos muito o que valorizar em nós mesmos a cada dia, se procurarmos com atenção.

Além de focar nos nossos pontos fortes e sucessos, podemos também reconhecer o nosso valor até mesmo nos fracassos. Isso geralmente é muito mais difícil de fazer, mas é essencial. Devemos reconhecer nosso valor mesmo quando fracassamos em alguma coisa. Devemos nos acostumar a aceitar o fracasso e a nos sentir bem apesar dele. Não devemos celebrar o insucesso propriamente dito nem nos focar nele de forma tão obsessiva que sirva apenas para atrair outros insucessos. O que precisamos reconhecer é o valor de correr riscos, de tentar e de cuidar de nós mesmos quando as coisas não acontecem do jeito que planejamos.

Geralmente existe um sucesso oculto em todos os fracassos. Às vezes ele é representado pela simples coragem de agir em uma determinada situação. Muitas vezes o nosso Gremlin pula em nosso pescoço no momento do fracasso e o usa contra nós, tentando nos derrubar e criando a partir disso uma desculpa para não nos arriscarmos mais no futuro.

Na maioria dos seminários e palestras que apresento, peço às pessoas para trabalharem em pares com quem está ao lado deles, incentivando-as a falar sobre as coisas de que mais gostam em si mesmas. Mesmo quando se veem ao lado de um completo estranho ou se sentem esquisitas, de início, quase todo o mundo acaba fazendo desse simples exercício uma experiência positiva e significativa. Devemos treinar a nós mesmos para manter o foco e reconhecer as coisas boas em nossas vidas e em nós mesmos. De vez em quando, pare tudo o que estiver fazendo e dê um tapinha de parabéns no próprio ombro, por tudo o que faz e pelo que é.

EXERCÍCIO
Apreciando os seus pontos fortes e os seus sucessos

Pegue a sua agenda ou um pedaço de papel e faça uma lista de todas as coisas que aprecia em si mesmo. Às vezes funciona melhor se você separar a lista em duas categorias:

1. Realizações e sucessos (coisas que você está fazendo ou já fez).
2. Pontos fortes e qualidades (talentos e dons que possui).

O segredo é procurar bem e chegar ao máximo de coisas que você conseguir achar para apreciar em si mesmo. O seu Gremlin provavelmente discordará de você em muitos desses pontos. Não dê ouvidos a ele. Busque bem no fundo de si mesmo e atente para as coisas boas. O meu desafio é que você ponha cem ou mais coisas nessa lista. Fique à vontade para levar o tempo que precisar e continue a acrescentar novos elementos a essa lista ao longo do dia ou da semana. Pode ser que você prefira refletir bastante e buscar várias coisas que, na superfície, não se enquadrem na sua imagem do que você "deveria" apreciar em si mesmo (por exemplo, a coragem necessária para tentar alguma coisa nova, mesmo que você fracasse).

O impacto positivo do autorreconhecimento

Nosso receio mais profundo não é o de sermos inadequados. Nosso receio mais profundo é o de sermos mais poderosos do que imaginávamos. É a nossa luz e não a nossa escuridão que nos assusta. Perguntamos a nós mesmos: "Quem sou eu para ser tão brilhante, lindo, talentoso e maravilhoso?"

Na verdade, quem somos nós para *não sermos nada disso*? Você é um filho de Deus. Ao se diminuir, você não ajuda o mundo em nada. Não existe nada iluminado nessa atitude de querer parecer menos do que é para que as pessoas não se sintam inseguras. Fomos feitos para brilhar, como acontece com as crianças. Nascemos para fazer manifestar a glória de Deus que existe dentro de nós.

E ela não existe apenas em alguns de nós; ela existe em todos. E, ao permitirmos que a nossa própria luz brilhe, conscientemente damos permissão às outras pessoas para fazer o mesmo. Quando nos libertamos dos próprios medos, a nossa presença automaticamente liberta os outros.

— *Marianne Williamson, no livro* Um retorno ao amor.

Essa citação surpreendente, muitas vezes atribuída erroneamente a Nelson Mandela, é um grande lembrete da força, da importância e do impacto do autorreconhecimento — tanto para nós quanto para os que estão em torno de nós. Como Marianne Williamson afirma de forma tão brilhante e eloquente nessas palavras, todos nós temos uma luz e um poder interior que são únicos e extraordinários. Possuir esse poder não é uma questão de egoísmo nem de arrogância; ele é essencial para o nosso próprio crescimento e para a nossa capacidade de fortalecer e inspirar todos à nossa volta.

Os muitos benefícios da autoapreciação

A seguir, veremos muitos dos inúmeros benefícios importantes que recebemos ao apreciarmo-nos de forma verdadeira:

- **Autoconfiança.** Apreciar a si mesmo confere a quem o faz um senso genuíno de quem a pessoa é, do que tem a oferecer e do próprio valor. A autoapreciação nos oferece um sentimento real de confiança e nos permite acreditar em nós mesmos.
- **Melhora na saúde.** Quando nos valorizamos, e também os nossos corpos, somos capazes de melhorar a saúde e o nosso senso geral de bem-estar físico. Conforme foi mencionado em outra parte deste livro, vários estudos comprovaram que os nossos pensamentos e sentimentos têm um impacto significativo na saúde. Ter pensamentos e sentimento positivos sob a forma de autoapreciação é uma coisa que podemos fazer para melhorar nossa saúde e curar nosso corpo.
- **Uma base forte para valorização dos outros.** Conforme também já analisamos em outro ponto deste livro, não podemos valorizar ninguém de forma sincera, a não ser que nos valorizemos antes. A autoapreciação é a base que sustenta toda a estrutura de reconhecimento e percepção do calor dos outros de uma forma genuína e completa.
- **Atração.** Reconhecer o próprio valor é uma grande forma de pôr em ação a lei da atração, e de um jeito

muito positivo. Quando focalizamos nossos pensamentos, sentimentos e atos de uma forma apreciativa, naturalmente passamos a atrair mais qualidades, circunstâncias e situações positivas. A autoapreciação é um ímã poderoso para atrair sucesso e resultados positivos na nossa vida.

- **Realização.** A nossa busca pelo sucesso é, na maior parte das vezes, baseada no desejo mais profundo de reconhecer o valor de nós mesmos. Quando fazemos isso de forma legítima e verdadeira, oferecemos a nós mesmos o presente mais valioso que existe e vivenciamos o que realmente buscamos na vida: a realização. A autoapreciação leva à verdadeira realização.

Ame a você mesmo e todos entrarão nessa onda
Se amarmos verdadeiramente a nós mesmos, a maior parte do que nos preocupa e muitas das coisas pelas quais lutamos se tornarão insignificantes. Poderemos ter ainda algumas preocupações, e certamente continuaremos a ter objetivos, sonhos e desejos. Entretanto, quando vivemos a nossa vida em um patamar de autoapreciação e autoestima, o receio por trás das preocupações se dissipa e a motivação para alcançar nossos objetivos se modifica de forma dramática; já não somos mais levados a evitar certas coisas e a realizar outras a fim de "ganhar" um pouco de amor; em vez disso, podemos focar a atenção nas nossas preocupações legítimas ou em algo que realmente desejamos conquistar.

Por outro lado, se não nos amarmos nem valorizarmos a nós mesmos, nada realmente importará. Independentemente dos medos que superemos ou dos sucessos que criemos, nunca seremos completamente capazes de apreciá-los nem de sentir o gostinho da realização, porque estaremos o tempo todo tentando, no fundo, ser amados.

A autoestima é a peça final desse quebra-cabeça, a peça que passamos a vida buscando. Infelizmente, passamos a maior parte da nossa existência achando que alguém ou algo externo possui essa peça. No entanto, cada um de nós tem a própria peça final dentro de si mesmo. Para ser realizado na vida, temos de encontrar o amor que existe em nós e ofertá-lo a nós mesmos. Existe um buraco dentro de nós que mais ninguém pode preencher. Nenhuma outra pessoa, nenhuma quantidade de dinheiro, nenhuma realização nem posses materiais conseguirá fazer isso, porque é algo que depende unicamente de nós, e nós temos a oportunidade de nos apreciar e amar a qualquer momento e por qualquer motivo.

PRÁTICAS POSITIVAS

A seguir, apresentamos uma lista de práticas que capacitarão você a trazer a autoapreciação para a sua vida de forma regular. Como valorizar a si mesmo é essencial e ao mesmo tempo desafiador para muitos de nós. Pôr algumas dessas práticas em ação é muito importante.

1. Crie uma "pasta ensolarada". Uma pasta ensolarada ou qualquer outro nome que você escolher é uma pasta, caixa ou local similar que você colocará em uma das gavetas da sua mesa de trabalho (ou qualquer outro local próximo). Nessa pasta você colocará todas as manifestações de gratidão ou valorização que receber... E que falem a respeito de *você*. Notas de agradecimento, cartões, fotos, prêmios e coisas do gênero poderão entrar nessa pasta. Basicamente, coloque nela qualquer coisa que faça você se sentir melhor ou que o faça lembrar as suas próprias qualidades. Mantenha essa pasta à mão e dê uma olhada nela regularmente. A pasta também poderá ser muito útil quando as coisas começam a ficar complicadas. Muitas vezes, em meio a períodos desafiadores, nos esquecemos das próprias qualidades. Ironicamente, é justamente nesse instante que é mais importante lembrarmos dos sucessos e das coisas que valorizamos em nós mesmos.

2. Crie um momento "só seu". Tirar algum tempo para você mesmo é uma forma muito importante de se valorizar. Marque "encontros" regulares com você mesmo e faça coisas que você curte fazer sozinho. Dê uma caminhada, vá à praia, faça uma massagem em si mesmo, sente-se e leia um livro, medite ou faça qualquer outra coisa que lhe proporcione bem-estar. O segredo dessa prática é não fazer "coisas demais" e sim, basicamente, homenagear, reconhecer e apreciar a si mesmo. Os seus amigos, a sua família, a sua esposa ou o seu marido: todos eles querem que você esteja feliz e cuide de si mesmo. Essa prática é uma maneira de fazer exatamente isso. Não se trata de egoísmo. Reservar alguns momentos do dia "só pra você" vai não apenas trazer benefícios pessoais, mas também vai aumentar o reconhecimento por você mesmo beneficiar os outros, porque você vai se mostrar muito mais feliz.

3. Todas as manhãs, marque algo específico que você aprecia em si mesmo e focalize a sua atenção nisso durante o dia inteiro. Logo ao acordar, no início de cada dia, escolha uma coisa específica que você aprecia em si mesmo. Não importa o que marque para aquele dia — pode ser uma qualidade física, uma conquista, uma característica pessoal, um talento específico ou qualquer outra coisa. O mais importante é escolher, todos os dias, algo que você aprecia de verdade em si mesmo e usar isso o dia inteiro para se fortalecer. Ao longo do dia, se você perceber que o seu Gremlin surge de vez em quando com algo negativo a dizer a seu respeito, mude o foco da sua atenção desses pensamentos e sentimentos negativos e carregue-os de volta ao tema do dia: a coisa específica que você aprecia em si mesmo. Isso vai ajudá-lo a se manter em um estado de espírito positivo e amoroso.

Escolher algo específico para apreciar em você, a cada dia, vai tornar mais fácil a tarefa de focalizar a sua atenção de volta na qualidade positiva sempre que aparecer um pensamento negativo ou de autocrítica. Ao escolher a cada dia algo de novo que curte em você mesmo, você vai continuar a fortalecer a "musculatura da autoapreciação."

4. Divida esse momento de autoapreciação com outra pessoa. Esse é um exercício poderoso que você poderá fazer com sua esposa ou com seu marido, um amigo ou qualquer pessoa em quem você confie. Um companheiro de autoapreciação é alguém com quem conversa regularmente e com quem você possa compartilhar as coisas que curte em você mesmo. É muito importante expressar a apreciação que tem por si mesmo em voz alta e ter alguém para ouvir.

Ter um companheiro específico para nos apoiar, incentivar e com quem dividir esse momento ajudará você a procurar bem no fundo e conseguir "pescar" o que você gosta em si mesmo. Esse companheiro de exercício também o ajudará a criar a responsabilidade necessária para tomar grandes atitudes ou fazer grandes mudanças em sua vida. Seu trabalho será apoiar o seu parceiro e incentivá-lo a apreciar a si mesmo também, junto com você. Ele ou ela deverá fazer o mesmo por você. Isso poderá fortalecer a relação entre vocês de forma poderosa e mágica. O aspecto mais importante do exercício é que, independentemente de quem você escolha para ser o seu parceiro de autoapreciação, a regularidade do evento deve ser mantida.

Agora que vimos todos os motivos pelos quais focar nas coisas boas pode ser muito desafiador, analisamos os diferentes tipos de negatividade e também aprendemos quais os cinco princípios essenciais para viver uma vida de verdadeiro reconhecimento e realização, podemos voltar a nossa atenção à peça final e importantíssima em todo esse processo: a ação. Não é aquilo que sabemos, mas o que fazemos que faz a verdadeira diferença em nossas vidas. Ao vivenciar todos esses princípios e utilizar os exercícios sugeridos, você se tornará um mestre na arte de reconhecer o próprio valor, de apreciar a sua vida e as pessoas ao seu redor. O próximo capítulo, que é também o último, trata de como pôr todas essas informações em prática na sua vida.

Parte Três

Reconhecimento em ação

8

Não é o que sabemos e sim o que fazemos que importa

Quando se trata de alcançar um crescimento verdadeiro e uma mudança duradoura em nossas vidas, não é o que sabemos que importa, mas o que fazemos com o que adquirimos. Aprender novas informações é empolgante, divertido e gratificante. Entretanto, até conseguirmos incorporar essas informações em nossas vidas diárias, os benefícios serão poucos.

O capítulo final deste livro é integralmente dedicado a analisar as coisas que você aprendeu nele e incentivá-lo a incorporar essa informação à sua vida diária de forma significativa. Vou recapitular os pontos mais importantes do livro e falar da importância da ação e da responsabilidade. Logo depois deste capítulo, há uma seção de referências e recursos adicionais — uma lista de livros, oficinas e outras fontes de informação que você poderá usar para aprimorar e aprofundar o seu crescimento e o seu desenvolvimento pessoais, tanto de forma genérica quanto nas suas relações com o reconhecimento e a gratidão. O objetivo deste último capítulo é "amarrar" as informações e oferecer a você, leitor, um trampolim a partir do qual você possa pôr o reconhecimento em ação na sua vida.

Sobre o que tratou este livro, afinal?

Bom para você foi dividido em duas partes distintas. Na Parte 1, falamos dos "problemas" que contribuíram para a epidemia de negatividade na nossa cultura, nos nossos relacionamentos e em nós mesmos. A Parte 2 foi focada na "solução": os cinco princípios do reconhecimento.

Parte 1: o problema da negatividade
A negatividade, tanto em nível pessoal quanto cultural, é um fenômeno complexo e profundamente influenciador. No Capítulo I, vimos a negatividade que desenvolvemos em relação aos outros e a negatividade que existe na nossa cultura. No Capítulo II, olhamos para a negatividade pessoal que desenvolvemos em relação a nós mesmos. A seguir, estão os cinco pontos-chave da Parte 1:

- Cada um de nós tem desafios e conflitos na vida, mas quando nos tornamos obcecados por eles, acabamos por nos deixar envolver por uma nuvem escura de negatividade.
- Nossa negatividade em relação aos outros (através de fofocas, julgamentos e coisas desse tipo) é uma coisa penetrante.
- Existe muita negatividade em nossa cultura e ela nos atinge, vinda de origens diversas (noticiário, a mídia em geral, os anúncios publicitários, a política e as conversas).
- A negatividade cultural nos provoca impacto em nível pessoal.
- A autodesvalorização é o tipo de negatividade mais danoso e traiçoeiro; ela é a raiz de todas as outras formas.

A fim de utilizar o poder do reconhecimento em nossa vida, temos de falar a verdade a respeito da nossa negatividade e de como ela afeta a nossa vida, os nossos relacionamentos e a nossa visão do mundo. A Parte 1 foi criada com o objetivo de aprofundar a análise da nossa negatividade pessoal e cultural, bem como de descrever o seu impacto em nós.

Parte 2: os cinco princípios do reconhecimento

Os cinco princípios do reconhecimento descritos na Parte 2 foram criados para capacitá-lo com novas ideias, perspectivas e práticas que lhe trarão mais reconhecimento, sucessos e realizações para a sua vida, suas relações e suas comunidades.

Princípio 1: seja grato
Comece onde está neste exato momento; foque a sua atenção nas coisas boas da sua vida e no mundo em geral. Quando paramos e prestamos atenção em todas as coisas pelas quais devemos ser gratos, sempre encontramos muito material. A gratidão cria o sucesso e traz a realização para as nossas vidas. Ser grato por tudo que temos nos leva a atrair e criar mais coisas pelas quais ser gratos.

Princípio 2: escolha pensamentos e sentimentos positivos
Nossos pensamentos e sentimentos são incrivelmente poderosos. Tanto o que pensamos quanto o que sentimos têm a capacidade de atrair coisas positivas e negativas para as nossas vidas. Quando somos capazes de reconhecer e expressar os próprios pensamentos e sentimentos de forma apropriada, podemos escolher de forma consciente os que são positivos. Ao focá-los em uma direção positiva, somos capazes de criar uma vida de valorização, sucesso e realização.

Princípio 3: utilize palavras positivas
As palavras que usamos — a respeito de outros e de nós mesmos — possuem um grande impacto. Ao utilizarmos palavras positivas, temos mais chance de conseguir o que queremos, de criar relações bem-sucedidas e de nos sentir

bem a respeito de nós mesmos. Nossas palavras têm o poder de criar, e não apenas descrever. Compreender o poder das nossas palavras e usá-las de forma positiva são aspectos essenciais da valorização e do reconhecimento.

Princípio 4: reconheça o valor dos outros
Expressar o nosso reconhecimento e a nossa gratidão pelos outros através do agradecimento é uma das coisas mais poderosas e carinhosas que podemos fazer pelos que estão à nossa volta. O agradecimento, tanto por reação (reativo) quanto por antecipação (proativo), é a melhor maneira de nos conectarmos às pessoas, mostrarmos a elas quanto elas significam para nós e motivá-las de forma genuína.

Princípio 5: reconheça seu próprio valor
O autorreconhecimento representa o amor que sentimos por nós mesmos. Amar a nós mesmos é o presente mais importante que podemos nos dar. Se verdadeiramente amamos a nós mesmos, nada mais importa. Se não nos amamos de verdade, as coisas externas também não importam. Ao reconhecermos o nosso valor, portanto, tornamos possível o ato de reconhecer de forma sincera os outros e a vida de modo geral. O autorreconhecimento é o fundamento de todas as formas de reconhecimento.

Reconhecimento em ação

Ao chegarmos ao fim deste livro, é importante fazermos a nós mesmos duas perguntas fundamentais:

1. O que todas essas informações têm a ver comigo e com minha vida?
2. O que posso fazer para trazer mais reconhecimento para minha vida diária?

Espero que tenha havido vários momentos ao longo da leitura deste livro em que você se viu retratado em exemplos, pontos ou exercícios específicos. Todos os capítulos também ofereceram numerosas práticas e ações possíveis para você tomar. Na medida em que já se engajou em vários desses exercícios e práticas, todas essas informações já estão promovendo um impacto positivo em sua vida, a essa altura. Como o título do capítulo afirma, não é o que sabemos, e sim o que fazemos que importa. Sendo assim, o que você já fez ou ainda vai fazer a partir de agora para agregar mais reconhecimento e colocá-lo em ação na sua vida?

O poder da ação
Na qualidade de jogador de beisebol, eu aprendi que nada acontecia de verdade até eu em entrar em campo e começar a jogar. O jogo de beisebol acontece dentro do campo, não nos bancos dos reservas e da comissão técnica, nem nas

arquibancadas. O "jogo" da sua vida também acontece no "campo" da sua realidade: nas suas relações, no seu trabalho, junto das pessoas que você ama, nas suas atividades do dia a dia. Ler um livro é uma coisa maravilhosa de fazer; um livro poderá expandir a sua mente, oferecer novas ideias e percepções, ou poderá ajudá-lo a desenvolver novos pensamentos e sentimentos que serão essenciais para o seu crescimento. Entretanto, é através da aplicação dessas novas ideias e técnicas que a sua vida poderá se transformar. É ali que o crescimento acontecerá de verdade.

Muitas vezes nós sabemos exatamente do que precisamos para efetuar mudanças positivas em nossas vidas. Conhecer essas coisas é um excelente primeiro passo, mas só se esse passo nos levar a atitudes eficientes. Você pode pensar e falar a respeito de ser grato, valorizar os outros e apreciar a si mesmo, mas até você tomar as atitudes relacionadas com esses pensamentos e palavras, nada de novo acontecerá na sua vida nem nos seus relacionamentos.

Colocando o reconhecimento em ação na sua vida
Ao longo de todo este livro, apresentamos muitas sugestões de ações possíveis: exercícios, uma poderosa técnica para transformar a sua negatividade, além de sugerirmos listas de práticas positivas no final de cada um dos capítulos da Parte 2. Só pelo fato de ler este livro você já tomou uma série de ações que poderão trazer mais reconhecimento, mais sucesso e mais realizações à sua vida.

Você preparou uma lista de coisas pelas quais ser grato, uma lista de coisas que você aprecia nas pessoas em sua vida e uma lista das coisas que aprecia em si mesmo. Praticou modificar o seu estado físico e emocional, e também refletiu a respeito de reconhecer o valor das pessoas com as quais entra em contato regularmente. Espero que esses exercícios e ações já tenham, a essa altura, efetuado um impacto positivo na sua vida, na sua relação com os outros e na forma como se sente a respeito de si mesmo.

O segredo é seguir algumas dessas ações ou outras que inventar, com determinação e constância. Criar práticas regulares de reconhecimento lhe permitirá aumentar a capacidade de sentir, vivenciar e expressar sua gratidão e reconhecimento de forma poderosa.

Releia algumas partes do livro, analise as suas anotações e escolha alguns dos exercícios, técnicas e práticas que foram mencionadas ou que você utilizou. Pode ser que você também queira criar outras práticas ou ações relacionadas com o reconhecimento e com a gratidão — desde que funcionem para o seu estilo pessoal e personalidade única. Coloque essas práticas em ação de uma forma séria, determinada e consistente, e assista à transformação que acontecerá na sua vida.

★ EXERCÍCIO
Práticas de reconhecimento

Quais as práticas específicas de reconhecimento que pretende colocar em ação de forma regular na sua vida? Tire alguns instantes para pensar a respeito disso e colocar em um papel as ações e práticas que você vai transformar em exercícios regulares para a sua vida, como resultado da leitura deste livro.

Você pode usar a sua agenda pessoal, um pedaço de papel ou o espaço a seguir para anotar tudo. A melhor maneira de fazer isso é pegar um punhado de ações que pareçam se adaptar melhor a você, anotá-las com cuidado e avisar às pessoas ao seu redor a respeito delas. Fazer isso vai aumentar a probabilidade do seu sucesso e lhe permitirá colocar o reconhecimento de forma eficiente em sua vida.

_____
_____
_____
_____
_____
_____
_____
_____

Responsabilidade

Uma das melhores formas de oferecer apoio a si mesmo, pôr em prática essas novas atitudes e fazer mudanças positivas na sua vida, de modo geral, é criar um pacto de responsabilidade consigo mesmo. A maioria de nós resiste à responsabilidade porque não queremos acrescentar nenhuma pressão adicional à nossa vida já tão cheia de afazeres. Além disso, todos nós já passamos por momentos, no passado, em que falhamos, decepcionamos alguém ou tivemos alguma experiência negativa relacionada com responsabilidade.

Apesar disso, a responsabilidade pode ser uma coisa mágica. Trata-se de um grande apoio e um grande foco de motivação para cada um de nós, quando desejamos fazer mudanças positivas ou alcançar novos limites na vida. A maior parte do meu trabalho como consultor pessoal é manter os meus clientes alertas, para que eles assumam atitudes positivas rumo aos seus maiores sonhos e objetivos. Ao firmarem pactos regulares consigo mesmos a respeito de quais atitudes tomar e o que querem manifestar na vida, meus clientes se veem capazes de produzir resultados fantásticos e de expandir seus horizontes de maneiras que nem mesmo eles sabiam ser capazes.

Na minha própria vida, tive orientadores excelentes, e também mentores e parceiros de sucesso os quais representaram, todos eles, um papel vital no meu próprio sucesso e crescimento. Eles me apoiaram e me mantiveram sempre nos trilhos da responsabilidade. Sem responsabilidade, muitas das nossas excelentes ideias e boas intenções não vão além do que são: ideias e intenções. Através da responsabilidade, somos capazes de colocar todas elas em ação.

Pense nas muitas formas de trazer mais compromisso para sua vida de forma eficiente. Contrate um consultor pessoal, solicite a ajuda de mentores, crie um grupo de apoio para esse programa através de pessoas ligadas a você, que pensem do mesmo jeito e se preocupem com o sucesso. Peça a um amigo para ele ser o seu companheiro de responsabilidade, partilhe com ele os seus objetivos, ou faça qualquer outra coisa que sirva para criar essa rede de apoio, de compromisso e de responsabilidade de que você precisa.

Escolhas e compromissos
Quando se trata de focar nas coisas boas, tudo se resume em escolhas e compromissos. Que tipo de vida você quer? Como você quer olhar para o mundo, tratar as outras pessoas e se relacionar consigo mesmo? Considerando que você pegou este livro e o leu até este ponto, me parece claro que viver uma vida de reconhecimento e gratidão poderá ajudá-lo nas circunstâncias únicas da sua vida. E digo mais: sei que agora você tem consciência (provavelmente já tinha antes mesmo de ler este livro) de que o reconhecimento é o aspecto mais poderoso quando se trata de criar o tipo de vida plena que você realmente busca.

Agradeço a você pelo seu interesse e compromisso em apreciar a si mesmo, aos outros e à sua vida. Ampliar esse nível de reconhecimento e gratidão e torná-lo uma realidade em seu dia-a-dia vai exigir um forte compromisso de sua parte. Não se trata do compromisso de ser uma pessoa perfeita ou de sempre encarar tudo pelo lado positivo; essas seriam expectativas pouco realistas. O seu compromisso deve ser o de permanecer consciente — estar alerta ao seu ambiente, aos seus pensamentos, sentimentos, palavras e atos. Esse compromisso e essa determinação de tomar decisões que trarão a você mais paz, mais reconhecimento e realização — com os outros e consigo mesmo — são as chaves que deixarão você capaz de se tornar um verdadeiro mestre na arte de reconhecer o valor de si mesmo, da sua vida e dos outros ao seu redor!

Uma palavra final de agradecimento a você

Do fundo do meu coração, agradeço a você por ler este livro. Sinto-me honrado e grato por ter tido a oportunidade de entrar em contato com você dessa forma, pois é muito importante para mim ter a chance de compartilhar o meu trabalho. Espero que tenha curtido este livro e tenha conseguido adotar muitas das ações e exercícios sugeridos.

Gostaria de reconhecer agora, especificamente, o compromisso que você demonstrou com relação ao seu crescimento pessoal ao entrar em contato com esse material, com esses exercícios, e por ser alguém comprometido em amar a si próprio, amar os outros e o mundo no qual você vive. Adoraria ter a oportunidade de trabalhar novamente com você no futuro. Adoraria também saber como você está indo nessa jornada de reconhecimento e gratidão.

Por favor, conte-me como vão as coisas escrevendo diretamente para o meu e-mail, que eu informo abaixo. E lembre-se: não espere até ser tarde demais. Reconheça o valor de você mesmo, dos outros, e viva plenamente agora!

Com gratidão e reconhecimento,
Mike Robbins
mike@mike-robbins.com

Fontes para pesquisas

A lista a seguir traz livros, oficinas, CDs, vídeos, sites e organizações nos quais eu acredito e recomendo com entusiasmo. Cada um deles lhe fornecerá apoio e servirá para fortalecê-lo em sua caminhada de descobertas e crescimento pessoal. Algumas dessas fontes são especificamente focadas no reconhecimento e na gratidão. Outras têm o foco voltado para o desenvolvimento pessoal ou generalizado. É importante dar uma conferida em todas elas.

Livros
Muitos desses livros foram citados especificamente ao longo do livro. Todos são excelentes e servirão para amplificar a sua busca pelo crescimento pessoal:

— *Peça e será atendido*, de Esther e Jerry Hicks — lançado no Brasil pela Editora Sextante.
— *Desperte o gigante interior*, de Anthony Robbins — lançado no Brasil pela Editora Record.

— *A Carrot a Day* (*Uma cenoura por dia*), de Adrian Gostick e Chester Elton.
— *Canja de galinha para a alma*, de Jack Canfield e Mark Victor Hansen, lançado no Brasil pela Ediouro.
— *Conscious Loving* (Amor consciente), de Gay e Kathlyn Hendricks.
— *Conversando com Deus*, de Neale Donald Walsh, lançado no Brasil pela Ediouro.
— *O segredo da sombra*, de Debbie Ford, lançado no Brasil pela Editora Cultrix.
— *Não faça tempestade em copo d'água*, de Richard Carlson — lançado no Brasil pela Editora Rocco.
— *Inteligência emocional*, de Daniel Goleman — lançado no Brasil pela Editora Objetiva.
— *Excuse me, your Life is Waiting* (Desculpe incomodar, mas a sua vida está esperando), de Lynn Grabhorn.
— *Extreme Success* (Sucesso total), de Rick Fettke.
— *Forget Perfect* (Esqueça a perfeição), de Lisa Earle McLeod e JoAnn Swan.
— *O poder do perdão*, de Fred Luskin, publicado no Brasil pela Editora Francis.
— *Os quatro compromissos*, de Dom Miguel Ruiz, publicado no Brasil pela editora Best*Seller*.
— *Gratidão, um estilo de vida*, de Louise Hay, lançado no Brasil pela Editora Nova Era.
— *Hodo — mensagens ocultas na água*, de Nasaru Emoto, lançado no Brasil pela Editora Cultrix.
— *Seu balde está cheio?*, de Donald Clifton e Tom Rath — Editora Sextante.

- *I Need Your Love — Is that true?* (Eu preciso do seu amor — será?), de Byron Katie.
- *Inspiration* (Inspiração), de Wayne Dyer.
- *Keys to the Kingdom* (Chaves para o reino), de Alison Armstrong.
- *Aprenda a ser otimista*, de Martin Seligman, publicado no Brasil pela Editora Nova Era.
- *Cure seu corpo de A a Z*, de Louise Hay, lançado no Brasil pela Editora Best*Seller*.
- *Make Your Creative Dreams Real* (Realize seus sonhos criativos), de SARK.
- *Comunicação não violenta*, de Marshall Rosenberg, publicado no Brasil pela Editora Agora.
- *Descubra seus pontos fortes*, de Marcus Bckingham e Donald Clifton, publicado no Brasil pela Editora Sextante.
- *The Power of Appreciation* (O Poder do reconhecimento), de Noelle C. Nelson e Jeannine Lemare Calaba.
- *O poder do pensamento positivo*, de Norman Vincent Peale, lançado no Brasil pela Editora Cultrix.
- *The Psychology of Gratitude* (A psicologia da gratidão), de Robert Emmons e Michael McCullough.
- *Um retorno ao amor*, de Marianne Williamson — Editora Francis.
- *Sacred Journeys* (Jornadas sagradas), de Lazaris.
- *Os sete hábitos das pessoas altamente eficazes*, de Stephen Covey, lançado no Brasil pela Editora Best*Seller*.

— *Simple Abundance* (Abundância simples), de Sarah Ban Breathnach.
— *Taming Your Gremlin* (Domando o seu Gremlin), de Rick Carson.
— *Tuesdays with Morrie* (Terças-feiras com Morrie), de Mitch Albom.
— *O caminho do guerreiro pacífico*, de Dan Millman.
— *The Way of the Superior Man* (O caminho do homem superior), de David Deida.
— *Why Talking is not Enough* (Por que não basta falar), de Susan Page.
— *Will you Still Love me if I don't Win?* (Vai continuar me amando se eu não me der bem?), de Christopher Anderson.
— *Voce pode curar a sua vida*, de Louise Hay, lançado no Brasil pela Editora Best*Seller*.

Seminários
— The Abounding River — www.withthecurrent.com
— The Arete Experience — www.aretecenter.com
— Celebrating Men, Satisfying Women (apenas para mulheres) — www. understandingmen.com
— The Landmark Forum — www.landmarkforum.com
— The New Warrior Training Adventure (apenas para homens) — www.mkp.org
— The Next Step — www.challengeday.org
— The Shadow Process — www.integrativecoaching.com

Outras fontes e recursos
— Reconhecimento em ação (envio de informativo mensal por e-mail — em inglês) — www.mike-robbins.com
— Pesquisa sobre reconhecimento (companhia de consultoria baseada no reconhecimento — em inglês) — www.aiconsulting.org
— Café Gratidão (cafeteria com comidas naturais) — www.withthecurrent.com
— Challenge Day (organização jovem voltada para a paz — em inglês) — www.challengeday.org
— Go Gratitude (site e projeto focado na gratidão — em inglês) — www.gogratitude.com
— Nonviolent Communications (site dedicado à resolução de conflitos pessoais — em inglês) — www.cnvc.org
— The Peace Alliance (organização internacional em defesa da paz — em inglês) — www.thepeacealliance.org
— The Power of Appreciation (O poder do reconhecimento — audiopalestra de Mike Robbins — em inglês) — www.mike-robbins.com
— *O segredo* (DVD com legendas em português) — distribuído no Brasil pela NEO — site: www.thesecret.tv
— *Quem somos nós?* (DVD com legendas em português) — distribuído no Brasil pela Playarte.
— Winning Strategies (caixa com vídeos e fitas sobre desenvolvimento pessoal — em inglês) — www.mike-robbins.com

Sobre o autor

Mike Robbins apresenta palestras, realiza seminários e monta oficinas sobre desenvolvimento pessoal e programas de consultoria individual e para grupos e organizações. Ele trabalha com as mais importantes companhias do mundo, muitas delas na lista Fortune 500, e também agências do governo americano, organizações sem fins lucrativos e pessoas em geral. Por meio de suas palestras, treinamento pessoal e empresa de consultoria, Mike incentiva as pessoas para que elas se tornem mais bem-sucedidas, criem laços e relações extraordinários e reconheçam o valor de si mesmas e dos outros. Antes de se tornar um palestrante profissional, autor de livros e consultor pessoal, Mike jogou beisebol na Universidade de Stanford e, em seguida, foi contratado para atuar profissionalmente no Kansas City Royals. Depois que a sua carreira esportiva foi abreviada devido a lesões, trabalhou nas áreas de vendas e desenvolvimento de negócios para duas empresas que trabalhavam com a internet.

Mike fez colaborações para o livro *Sopa de galinha para a alma* e criou um programa de áudio denominado *O poder do reconhecimento*.

Mike mora com sua esposa, Michelle e sua filha, Samantha, em São Francisco.

Para mais informações a respeito do trabalho de Mike e de suas palestras, seminários e outros serviços, acesse www.mike-robbins.com

Visite a *home page*:
www.editorabestseller.com.br

Você pode adquirir os títulos da Editora Best*Seller*
por Reembolso Postal e se cadastrar para
receber nossos informativos de lançamentos
e promoções. Entre em contato conosco:

mdireto@record.com.br

Tel.: (21) 2585-2002
Fax: (21) 2585-2085
*De segunda a sexta-feira,
das 8h30 às 18h.*

Caixa Postal 23.052
Rio de Janeiro, RJ
CEP 20922-970

Válido somente no Brasil

Este livro foi composto na tipologia Raleigh,
em corpo 11.6/16.4, e impresso em papel off white 80g/m²
no Sistema Cameron da Divisão Gráfica da Distribuidora Record.